100 GRAUS

O PONTO DE EBULIÇÃO DO SUCESSO

RAFA PRADO

100 GRAUS

O PONTO DE EBULIÇÃO DO SUCESSO

TUDO O QUE VOCÊ
PRECISA APRENDER SOBRE
CRIAR DINHEIRO E LIBERDADE
PARA A SUA VIDA

Gente editora

Diretora
Rosely Boschini

Gerente Editorial
Marília Chaves

Estagiária
Natália Domene Alcaide

Editora de Produção Editorial
Rosângela de Araujo Pinheiro Barbosa

Controle de Produção
Karina Groschitz

Preparação
Entrelinhas Editorial

Projeto gráfico e Diagramação
Triall Editorial Ltda

Revisão
Vero Verbo Serviços Editoriais

Capa
Thiago de Barros

Imagem de Capa
Jag_cz/iStock by Getty Images

Impressão
Assahi Gráfica

Rua Pedro Soares de Almeida, 114, São Paulo, SP – CEP 05029-030

Telefone: (11) 3670-2500

Site: http://www.editoragente.com.br

E-mail: gente@editoragente.com.br

Dados Internacionais de Catalogação na Publicação (CIP)
Angélica Ilacqua CRB-8/7057

Prado, Rafael
100 graus: o ponto de ebulição do sucesso / Rafael Prado. – São Paulo: Editora Gente, 2016.
192 p.

ISBN 978-85-452-0090-1

1. Sucesso nos negócios 2. Empreendedorismo 3. Riqueza I. Título

16-0154 CDD 650.1

Índice para catálogo sistemático:
1. Sucesso nos negócios 650.1

APLICAÇÃO DO LIVRO

Este livro foi escrito para jovens estudantes, empreendedores, profissionais liberais, autônomos, desempregados e pessoas insatisfeitas na carreira, mas que buscam uma alternativa para esse plano de "segurança" imposto pela sociedade. Meu intuito aqui é mostrar que você pode ir além e que o segredo do sucesso depende de um único detalhe que você pode aplicar assim que finalizar a leitura deste livro.

DEDICATÓRIA

A todos os loucos, inquietos e agentes de mudança que transformam o mundo.
Ou seja, a você.

AGRADECIMENTOS

"Sozinhos vamos mais rápido, mas acompanhados vamos mais longe!"

Quando vejo minha história, uma das maiores certezas que tenho é de que em minha jornada dezenas de pessoas me apoiaram para que eu chegasse até aqui. Por isso, quero agradecer a todas aquelas pessoas que, de alguma forma, me apoiaram. Mentores, professores, clientes e alunos que passaram em algum momento por minha vida.

Agradeço a todos meus clientes e pessoas que me seguem nas redes sociais, em minhas palestras e que agora se tornaram leitoras deste livro. Obrigado pela confiança. Meu sucesso não existe sem vocês, por isso meu maior objetivo é ajudá-los a atingir seus maiores sonhos e desejos.

Agradeço ao grande amigo Erick Moutinho, por ter me falado que "meu lugar não era no banco" e que eu deveria empreender! Acho que segui seu conselho (risos).

Ao Fernando Coelho, por ter acreditado em meu potencial logo que entrei na USP e por ter se tornado um dos meus melhores amigos. Agradeço também ao André Fontan e ao Renato Eliseu por fortalecerem nosso círculo de amizades e estarem sempre por perto.

Ao Eduardo Junqueira, por ter me apresentado o marketing digital quando tudo ainda estava começando.

Aos integrantes de meu grupo de mentoria e consultoria, pela confiança e dedicação.

Aos grupos de *mastermind* de que faço parte, em especial aos amigos Samuel Pereira, que me abriu portas e me mostrou atalhos para chegar ao sucesso no mercado digital; Érico Rocha, por me mostrar que consistência e foco nos leva a voos mais altos; Rodrigo Cardoso, por me inspirar a chegar aos 40 anos com toda sua energia e vitalidade; Gabriel Goffi, por compartilhar seus *hacks* de performance e mostrar que podemos ir sempre além; Lerry Granville, por estar do meu lado nos momentos críticos e mostrar que há uma solução para tudo; Jober Chaves, por todo incentivo e apoio em conversas de extrema sabedoria; Allan Pakes, por me ajudar a me conhecer melhor e a ser um grande líder.

Ao grupo MM8: Paulo Lima, Renato Moreira, George Newton, Juliano Oliveira, Tiago Bastos, Denis Bai e Guilherme Petersen – por começarmos juntos quando tudo parecia impossível e termos descoberto lado a lado que nós somos nosso próprio limite!

Ao amigo Caio Ferreira, pela confiança e parceria em criarmos o Barketing São Paulo e promovermos encontros de networking e troca de experiências em minha cidade. Obrigado, Dennis Okada, por me apoiar nessa empreitada.

Ao João Pedro, Mateus Bicalho e toda equipe do Hotmart, pela confiança e parceria construída ao longo desses anos.

Obrigado também ao amigo Issao Imamura, por mostrar que a verdadeira magia está em construir sonhos.

Aos amigos e mentores Ricardo Bellino, por me ensinar o que é "naturalidade" e como podemos chegar tão longe utilizando nossas próprias habilidades, e Carlos Wizard Martins, por me mostrar que a verdadeira essência do sucesso está no legado que você quer deixar para o mundo.

Ao meu amigo e coach de alta performance André Franco, também pela paciência e parceria!

Ao meu amigo e alfaiate João Camargo, por criar os melhores ternos que tenho no closet (risos) e por ter me iniciado no jiu-jitsu. Obrigado também ao mestre Max Trombini!

Ao meu amigo e advogado Flavio Paschoa, por me apoiar em questões importantes do dia a dia, sobretudo meus contratos.

Aos parceiros e às equipes que fizeram grandes projetos acontecerem e que jamais seriam um sucesso sem seu apoio: Denis Bai, Giordano Narada, Fagner Borges, Guilherme Petersen, Fábio Borges, Juliano Torriani, Pedro Noronha, Celso Grecco, Pyero Tavollazi, obrigado a cada um de vocês.

Aos amigos Fábio Arruda e Alexandre Taleb, por me ensinarem sobre etiqueta e moda masculina além de sua importância para o sucesso de qualquer profissional.

À Bel Pesce, pela amizade e inspiração para criar um mundo melhor a cada dia e dar asas aos sonhos dos jovens empreendedores.

A Débora Pereira, pela amizade, carinho e risadas. Só você vai entender, mas, Whiskas!

Agradeço também a Ricco de Carvalho, Danilo Senen, Guilherme Pupolin, Yoshio Kadomoto, Leonardo Kanda, Amanda Passavante, Pablo Paucar, Cristiano Oliveira, Anderson Moutinho, Willian Santiaggo, Roberto de Oliveira, Elias Maman, Tiago Fonseca, Khristian Paterhan, Paulo Sanseverino, Eduardo Neratika, Marcio Scavone, Roberto Cardoso pela parceria e presença em momentos importantes de minha vida. Quero deixar aqui meu carinho e reconhecimento a vocês.

À Editora Gente, em especial ao amigo Roberto Shinyashiki e a Rosely Boschini, pela imensa paciência e confiança neste aluno/autor rebelde (risos). Meu obrigado também a Marília Chaves, minha redatora, que contribuiu também com diversas ideias.

E mais profundo agradecimento à minha mãe, Ideli Prado, pelo seu incentivo, amor e carinho – não estaria aqui se não fosse por você. Ao meu pai, que mesmo não estando mais entre nós, foi meu porto seguro para que eu pudesse voar mais alto. À tia coruja Ione Basani, meus avós Alfredo Leme e Angelina Pascoalina que hoje possuem mais de 80 anos mas que sempre cuidaram de mim com todo carinho. Dedico este livro a vocês todos.

PREFÁCIO

A água na temperatura de 99 graus está muito quente, mas não está fervendo. Com apenas mais 1 grau, ela chega a 100 graus e começa a ferver. Em ebulição, gera o vapor que pode até mover um trem. A diferença é de somente 1 grau. A medida de 1 grau pode parecer insignificante, mas tem o poder de transformar totalmente a sua vida. Pequenos detalhes que conseguem transformar seu negócio, seu bem-estar ou seus relacionamentos.

Pode ser uma pequena mudança nos esforços, na atitude ou na forma como se relaciona consigo mesmo. Você pode também mudar sua perspectiva, sua confiança ou sua disposição para assumir riscos. Pequenos detalhes capazes de provocar mudanças de estado – do congelamento à ebulição.

Detalhes tais que vivenciei ao longo de minha escola da vida, desfrutando de uma prazerosa jornada de vastas experiências e criações. Negócios e amizades que me levaram a estar ao lado de grandes figuras como meu eterno amigo John Casablancas, fundador da Elite Model – maior agência de modelos do mundo; ou até do bilionário e megaempresário Donald Trump, candidato a presidência dos Estados Unidos em 2016.

Uma coisa, porém, é certa: também aprendi em minha escola da vida que os alunos têm mais para ensinar e inspirar a seus mestres e mentores do que o inverso. Aprendi que – em sua simplicidade e paixão – reside uma poderosa energia capaz de mudar o mundo e levar milhares de pessoas à ebulição.

Por isso estou escrevendo estas breves linhas. Para falar de um ser fantástico chamado Rafa Prado. Um jovem atrevido e empreendedor, ao qual apelidei "Lobinho de Wall Street", quando dividi o palco com Jordan Belfort, o verdadeiro Lobo de Wall Street em um grande evento que ele produziu no

Brasil. Nós nos tornamos bons amigos e temos trocado muitas experiências, tomado boas taças de vinho branco com gelo e desenhado projetos ousados, como o Plano B, para ajudar milhares de pessoas a realizarem seus maiores objetivos.

Com esse meu olhar calibrado pela experiência, sei que ele tem a competência e a paixão necessária para dar sequência a esse legado. Sucesso é uma decisão, e aqui estão as ferramentas que vão fazer você alcançar 100 Graus de ebulição rumo ao seu sucesso.

RICARDO BELLINO
Mentor and Entrepreneur in Chief at School of Life Academy

SUMÁRIO

Introdução — Você está a um grau da grande virada ... 19

Capítulo 1 — Tudo pode mudar com uma decisão ... 23

O tiro da vida ... 30

A hora de crescer chegou ... 38

Enfrente o medo de errar ... 40

Capítulo 2 — O plano A e seus problemas ... 47

Fé inabalável ... 52

A mentalidade certa ... 54

O poder de criar dinheiro ... 60

Crie sua realidade! ... 64

Capítulo 3 — A nova economia ... 69

O segredo do sucesso para a próxima década ... 77

A mente que revolucionou o mercado de conteúdo digital no Brasil ... 80

Capítulo 4 — O combustível para sua ebulição ... 85

Blindagem mental ... 90

O poder de ficar sozinho ... 92

A arte de filtrar as opiniões....94
O poder da desinformação....96
Você é um gênio....98
A fórmula da genialidade....98
Confie em si mesmo....100
Associe o dom a uma causa....102
O gênio e o mentor....103

Capítulo 5 – A Arte de criar dinheiro com os próprios dons.... 109
Posicionamento é essencial.... 111
Monetizar seu dom gerando valor para o mundo.... 115
Como ganhar dinheiro hoje?....120
Até onde suas habilidades podem levá-lo?....124

Capítulo 6 – O jeito simples de criar negócios milionários.... 129
O segredo dos negócios de sucesso....131
Identificação de oportunidade....132
Plano mestre....134
Execução....135
Oferta irresistível....135
Expandir sempre!....138
Processos automatizados....139
Sucessão....141
Monetização....142
Negócios do coração....143

Capítulo 7 — A arte de relacionar e conquistar pessoas 147
Comece a procura por apoiadores 149
Exemplos de influência na tríade do poder 151
Quem começa de baixo precisa ser positivo e admirado 153
Construindo networking quando se é muito introvertido 155
Relacionamentos que geram dinheiro 158

Capítulo 8 — O sistema 161
Maturidade de sistemas 164
Nível 1 — Criador 164
Nível 2 — Administrador 167
Nível 3 — Investidor 170
Advogado do diabo... 172
Nível 4 — Benfeitor 173
Crie sua própria Matrix 174

O mundo precisa de mestres de si mesmos 179

Referências 189

INTRODUÇÃO

VOCÊ ESTÁ A UM GRAU DA GRANDE VIRADA

Este livro já vive dentro de mim há muito tempo. E em diversos momentos eu já tive medo de que a minha vida terminasse sem que eu passasse esta mensagem, apesar de ainda ser muito jovem. Digo isso sem dramas, apenas para que você entenda a urgência que tenho em ajudar as pessoas a fazerem a mesma virada de vida que fiz. Vim de um ambiente muito humilde e simplesmente todas as previsões ao meu respeito feitas por parentes, professores e amigos giravam em torno de uma vida sofrida e com poucas vitórias. Eu sou o milionário improvável, aquele colega de sala que tinha algum potencial mas que todo mundo jurava que não daria em nada. Vejo há muitos anos pessoas que são completamente desacreditadas por si mesmas e pelo mundo que as rodeia. Isso não é restrito a uma idade ou faixa social, acredite quando lhe digo, a apatia é extremamente democrática: encontro a frustração em todas as idades, em todos os lugares do país, vestida na vida de pessoas que têm uma existência baseada no ato de sobreviver, sem prosperidade real, sem construir riqueza e sem acreditar que podem conquistar o que desejam. Mudar a regra do jogo para essas pessoas se tornou a minha missão pessoal.

Consigo enxergar alguém que não acredita na própria habilidade de criar riqueza a distância, porque eu mesmo já fui uma dessas pessoas. Já passei noites em claro pensando que, assim como nossas avós faziam piada, só se poderia enriquecer em duas situações: nascendo rico ou casando com uma pessoa rica. E eu não estava apto a nenhuma delas, então, teria de me conformar com um trabalho que me trouxesse o grande prêmio de consolação dos frustrados: segurança.

Com este livro realizo o sonho de fazer a diferença para aqueles que são tidos como improváveis, que estão fora da curva de aprovação da sociedade, para as pessoas que se sentem deslocadas e foram desacreditadas sucessivamente por suas famílias, chefes, professores, cônjuges e por si mesmas.

E você deve conhecê-las ou ser uma delas, por que eu também já estive deste lado. Trata-se de quem acredita que é necessário ter muitos pré-requisitos para conseguir chegar a algum lugar, que é preciso contatos, investimentos milionários, educação de ponta, que, na verdade, se você quer ser um cara de sucesso, que faz a própria sorte, o mais fácil é nascer de novo em condições melhores. Ao longo da minha trajetória profissional fizeram-me acreditar que a necessidade primordial do sucesso era estar bem preparado. Funciona assim: você tem de estar bem preparado, estudar nas melhores universidades, falar diversos idiomas, ter experiência de trabalho e cursos extra etc. E como alguém que queria muito acertar nos caminhos da vida, eu fui correndo provar para mim e para quem estivesse assistindo que eu era o cara capaz de cumprir todos esses requisitos. O garoto improvável que se tornou brilhante e esforçado. Programei minha cabeça achando que isso seria possível, e cheguei ao nível de insanidade de ter terminado duas graduações e um mestrado em universidades públicas antes dos 23 anos (não havia alternativas, era isso ou não teria dinheiro para pagar os estudos). Eu havia estudado minuciosamente o que seria necessário para me tornar um ser humano de sucesso. E não faltou gente para oferecer receitas: uma boa faculdade, um bom emprego, um carro, uma casa. Um roteiro de vida. Tudo pensado do começo ao fim para restringir a possibilidade de erro ao máximo.

Como qualquer pessoa que vem de uma origem pobre e deseja melhorar a própria situação, eu seguia toda a receita e fazia coisas insanas desnecessariamente: duas faculdades ao mesmo tempo e empregos extenuantes. No entanto, algo em mim estava errado. Eu não tinha toda a segurança que me fora prometida, e, curiosamente, toda a educação que obtive em dado momento me atrapalhou para conseguir um emprego (sim, acredite!). Logo depois de quebrar a minha primeira empresa (uma história que contarei com mais detalhes no capítulo 1) decidi voltar para o mercado de trabalho, e, depois de centenas de currículos enviados, nenhuma empresa me chamava para uma entrevista — mesmo tendo seguido todo o roteiro e me apresentado com dois diplomas de graduação e um mestrado. Eu começava a experimentar a realidade de que o mundo fala que você precisa ter o máximo, mas, quando você alcança esse ideal, ele o rejeita por ter se tornado caro demais.

O caminho seguro provou ter tudo, menos segurança. E enquanto buscava segurança, eu ignorava meus verdadeiros talentos. Não fracassava, por me esforçar muito, mas também não conseguia atingir meu potencial, e a frustração crescia. Meu caminho para empreender passou por uma mudança drástica de *mindset* (ou seja, minha mentalidade), para entender que aquilo que realmente me enriqueceria não estava no *Guia do estudante*, não estava em um programa de *trainee* ou em uma banca de qualificação. Estava dentro de mim o tempo todo, e faltava o raciocínio do "pensar sem pensar" do qual Gladwell tanto fala. Faltava entender que dentro de mim havia muito para ser vendido e negociado. E eu prometo provar que existe também dentro de você um negócio lucrativo.

Este livro existe para provar que entre você e a vida que sempre sonhou existe apenas um detalhe. Um grau. Um pequeno desvio de rota. Os detalhes são forças poderosas para alterar o destino de alguém. Por exemplo, basta pensarmos na ciência, quando falamos dos estados físicos da água. Quando a água atinge 100 °C, ela muda de estado, expande e se torna vapor, dominando o ambiente em que está, com a possibilidade de penetrar em qualquer lugar e atingir o espaço. Já a 0 °C, ela se comprime até o ponto do gelo, ocupando o mínimo espaço possível. Eu acredito que as pessoas podem direcionar o próprio destino para um lado ou para o outro. Para a expansão ou para a retração. Ebulir ou congelar – e ao longo deste livro falaremos o tempo todo sobre isso.

100 graus é a representação da expansão e ao longo deste livro vou lhe mostrar o detalhe que falta para você expandir, pois, na maioria das vezes, estamos muito perto dele, mas, por falta de perspectiva, de mentores positivos, de crenças adequadas, não conseguimos caminhar mais alguns passos em direção à vitória.

Agora me diga: quando você olha para a sua vida hoje, vê-se mais como vapor ou como gelo? Quais detalhes está ignorando?

Quando entendi que dentro de mim havia uma grande capacidade de falar em público e negociar, de convencer as pessoas a embarcarem em grandes projetos comigo, entendi que tinha habilidades que poderiam mudar minha vida. No entanto, isso não é exatamente uma profissão, não é mesmo? Com certeza, porém, é a raiz da maioria dos negócios lucrativos: o poder de persuasão. Demorei para entender que existia esse poder em mim, mas, quando comecei a dar aulas e palestras e a ganhar algum dinheiro com isso, eu senti: "existe algo ali". Em um espaço de dez anos passei de monitor de escola de inglês para um faturamento de 20 milhões de reais.

Ao chegar no detalhe necessário consegui dar início ao meu processo de expansão e não posso mais ser contido. Agora o convido a vir comigo, e mudar este mesmo detalhe em sua vida. Convido-o a expandir comigo e encontrar seu ponto de ebulição. Por que você merece isso. Por que você já possui todas as ferramentas para alcançar o sucesso dentro de você. E, porque é verdadeiramente mais simples do que você imagina e vou lhe mostrar meu passo a passo para você economizar 27 anos nessa jornada rumo à sua felicidade.

1 CAPÍTULO

TUDO PODE MUDAR COM UMA DECISÃO

Em 1973 nos Estados Unidos, enquanto um professor de inglês que morava em um trailer ficava "em casa", sua esposa trabalhava os turnos que pudesse aguentar em um Dunkin Donuts para pagar as contas do casal. Para tentar fazer o dinheiro dar conta das despesas, o professor chegou a trabalhar durante alguns verões em uma lavanderia industrial e a fazer bicos como zelador na escola em que dava aula, assim como trabalhar como atendente de posto de gasolina. Ele tinha a aspiração de ser escritor, mas com uma criança e um bebê para alimentar, as coisas estavam difíceis. No pouco tempo livre que sobrava, escrevia na máquina de escrever da esposa, que havia criado para ele uma mesa de trabalho improvisada na lavanderia. Todas as noites, enquanto a esposa cuidava dos filhos e da casa, ele se trancava ali para escrever. Ele enviava suas histórias para algumas revistas masculinas, e, raramente, recebia de volta cheques de pequenos valores pelo correio quando os textos eram aceitos.

Um dia, o chefe do departamento de Inglês da escola fez ao professor uma oferta que ele não podia recusar. Eles precisavam de um novo orientador acadêmico para o clube de debates, e ele receberia um extra de 300 dólares por ano, não muito, mas o suficiente para cobrir a conta do supermercado da família durante dez semanas. Quando ele chegou em casa animado para dar a notícia para a esposa, ela respondeu: "Será que você vai ter tempo para escrever?". Ele foi sincero, não teria muito tempo de escrever, e a mulher reforçou seu apoio, dizendo que talvez fosse melhor não aceitar a proposta.

Em dado momento, ele começou a trabalhar em um romance de suspense sobre uma adolescente com sérios problemas, em um conto que foi refinado com a ajuda da esposa, que lhe mostrava os meandros do mundo feminino e da puberdade. Ele jogou o manuscrito no lixo diversas vezes porque acreditava que não conseguia escrever sobre o mundo feminino, mas a esposa o pegava de volta, lia, e dizia "aqui tem algo", e, assim, o ajudou a melhorar o material ao longo de nove meses. Mesmo assim, trinta editoras o recusaram.

Depois dessa frustração e de tantas recusas, ele jogou o livro completo no lixo porque acreditava que ali sim era o lugar dele e que não passava de um sonho impossível. No entanto, sua esposa nunca desistiu, e submeteu o livro a mais editoras, sem que ele soubesse. Um dia ele foi surpreendido por um telefonema de sua esposa na escola, no meio do período de trabalho, e saiu correndo para atender, pois sabia que não tinham uma linha em casa e para que ela lhe telefonasse algo de muito importante acontecera. Então, ela lhe informa que seu romance, *Carrie*, havia sido aceito pela Doubleday. Nosso querido professor era o próprio Stephen King. Se não fosse pela persistência e a crença de sua esposa, Thabitha, hoje não teríamos seus best-sellers internacionais e adaptações cinematográficas de grande sucesso, que deixaram gerações encantadas e instigadas.

* * *

Este livro relata situações "improváveis" revertidas por conta de uma decisão, assim como a decisão de Thabitha, capaz de tornar o "fracasso" em "sucesso". A minha missão é proporcionar a você aquele 1 grau que faz a água que está a 99 graus ebulir e mover uma locomotiva, amparado por algo que chamo de "sistema", um modelo simples, um passo a passo criado a partir da decodificação do sucesso de mentes brilhantes, responsável por gerar milhões de reais para mim e para outros empreendedores, e por me proporcionar a qualidade de vida que sempre desejei.

Imagine a si mesmo como a água, o elemento mais importante de nossa vida, pois a cada capítulo sua mente ferverá alguns graus rumo à ebulição. Para mim, ebulição é a mudança de estado que nos coloca no caminho do sucesso. Por exemplo, eu acredito que, sozinho, você e qualquer pessoa pode chegar até os 99 graus, mas o "**sistema**" vai lhe dar o 1 único grau que falta para entrar no ciclo infinito da prosperidade, ou seja, o detalhe que falta, o detalhe que no fundo você sabe que falta, mas não sabe exatamente qual é.

Talvez minha ambição seja ousada, mas eu sei que cada um de nós possui dentro de si certa ansiedade para ser bem-sucedido, o que é acompanhado da pressão de amigos, familiares e até desconhecidos — de forma sutil, ou escrachada — para que sejamos um sucesso de acordo com os padrões que a sociedade acredita ser o ideal.

Essa pressão para ser (ou pelo menos parecer) bem-sucedido e a velocidade de comunicação fizeram com que hoje vivenciemos uma era de informação e competitividade, dois elementos de início positivos, mas que, se mal utilizados, podem ser a receita do fracasso.

E você pode fazer o teste — a informação, se direcionada para o seu desenvolvimento pessoal, é uma bênção. Cursos que lhe deem mais capacidade técnica na sua área, livros que toquem em pontos da sua personalidade que são difíceis de lidar, estudos sobre temas que o intrigam são todos exemplos da informação trabalhando a serviço do seu sucesso e da sua felicidade. Agora, quer conhecer um exemplo de informação negativa? Então, leia do começo ao fim qualquer *home page* de portal de notícias ou assista ao jornal das 19 horas em qualquer rede de televisão.

O que a maioria dos portais faz hoje é uma colagem de notícias catastróficas sobre como tudo vai dar errado. São notícias que estão nas entrelinhas coroadas de instruções sobre como você deve viver se não quiser que toda aquela desgraça que eles mostram recaia sobre si mesmo. Afinal, qualquer empresa comercial de jornalismo precisa de cliques e audiência, e o medo é um dos melhores recursos para conseguir aumentar esses números. Ou seja, em termos de informação, boa parte do que consumimos é medo, e não algo relevante. Consumindo notícias com muita regularidade é capaz que você desista de fazer qualquer coisa, de empreender principalmente, pois o prognóstico é sempre de crise e retração do mercado, doenças, pragas e desgraças.

Outro elemento bom é a competitividade, pois faz com que qualquer produto ou serviço melhore, e nos torna pessoas melhores — isso para quem sabe lidar com ela, claro. A competitividade vazia se torna uma corrida atrás do próprio rabo, você sempre precisa ser mais e melhor e não espera para ouvir aquilo que efetivamente o tornaria essa pessoa. Tomado pela competitividade negativa eu passei anos buscando ser o melhor e desenvolver uma carreira clássica que, na verdade, sufocava o que realmente me faria ganhar dinheiro.

Você deve conhecer bem o que estou falando, a pressão externa para que você se destaque é imensa. É pressão dos pais, dos desejos da família, e a cada momento essa pressão vai direcioná-lo rumo a alguma decisão muito importante. Podemos tomar como exemplo um aluno pré-vestibular, que, ao longo de dez anos, terá um rumo gerado pela pressão sobre si, levando a uma carreira que traz frustração. E é por isso que a maioria das pessoas tem sempre em mente – e em seus sonhos – o famoso plano B.

O plano B – como ressalta Ricardo Bellino em matérias jornalísticas e em seu livro de mesmo nome – surge como alternativa aos dias sempre iguais no trabalho e à exaustão de tantas horas dedicadas a uma empresa com pouco retorno financeiro – e que não deixam espaço para mais nada na vida, pois, depois de uma média de nove horas de trabalho diárias (sem contar as horas de transporte para chegar ao trabalho), dificilmente se terá energia para criar algo novo quando chega em casa.

O que notei é que o plano A é tão forçado que muitas vezes não resiste ao primeiro teste. No fundo do coração você e diversas outras pessoas do mundo aguardam por uma oportunidade para sair dele, pois foi escolhido sob pressão, sem preparo ou autoconhecimento. Por exemplo, durante uma crise ocorrem diversas demissões, e elas se tornam grandes oportunidades, pois é o momento da primeira chance de sair do que você não gosta para ir aonde você gostaria. Quem é demitido costuma tratar o dinheiro da rescisão com carinho, investe em uma carreira nova, em abrir um negócio e mudar de rumo, esperando uma oportunidade de sair do que é imposto e que não vem do talento natural.

Eu, como não sou diferente, comecei a carreira pelo plano A. Tinha a verdadeira ilusão de executar o plano perfeito, estudando mais, dormindo menos e sempre dando o máximo de mim. Em tudo que fazia sempre passava nas primeiras posições; eu era muito intenso em termos de me cobrar e exigir resultados. Sempre tinha de ser o melhor, e, como não tinha dinheiro, a alternativa era estudar em instituições públicas (o que incluía passar nos difíceis vestibulares de uma universidade estadual ou federal). O fato é que eu nasci na parte mais pobre da família (e toda família tem uma parte mais pobre), fui filho adotivo de pais muito amorosos e muito humildes. Eu tinha muito a provar no começo da carreira, tanto para meus pais quanto para mim mesmo.

Ao prestar vestibular, tentei várias universidades, mas tinha em mente que a ideal era a Universidade de São Paulo (USP), pois para mim não havia no país instituição mais renomada que pudesse me proporcionar melhores chances no futuro (além de fazer meus pais imensamente felizes e orgulhosos). Fui aprovado em todas as faculdades, mas a competitividade me pegou em cheio, e a única prova na qual não passei foi a segunda fase da Fuvest. Confesso que fiquei um tanto quanto frustrado por ter reprovado na tal "melhor universidade da América Latina". Lembro-me de que apenas por ter passado na primeira fase do vestibular, minha família dava saltos de alegria e fiquei com vontade de continuar tentando. De qualquer forma, escolhi a Faculdade de Tecnologia Termomecanica (FTT), um projeto de ensino superior privado mas subsidiado pela Fundação Salvador Arena. Talvez você nunca tenha ouvido falar dessa faculdade tampouco da fundação (para falar a verdade, naquela época, nem eu sabia muito bem, mas fui incentivado a prestar o vestibular pela minha família).

Acontece que eu seria aprovado no vestibular da FTT e frequentaria aquele lugar ao longo de três anos cursando Análise de Sistemas. Conforme o tempo passou, comecei a compreender mais sobre a história da empresa, a fundação e a faculdade. Por isso tenho uma breve pergunta para você. Você acha possível fundar uma empresa bilionária com apenas 200 dólares?

Pois bem, Salvador Arena era filho único e descendente de imigrantes italianos. Formou-se em Engenharia pela Escola Politécnica da USP e, logo depois, iniciou sua carreira na Light e foi projetista na hidrelétrica de Cubatão. Como não vislumbrava uma evolução profissional, em 1942 pediu demissão pois queria buscar novas oportunidades e viver sua verdadeira paixão. Em um gesto ousado, Arena pegou sua indenização de 200 dólares e fundou a Termomecanica São Paulo S.A., iniciando suas atividades em um pequeno galpão no bairro da Mooca, em São Paulo. Foi ele quem criou os primeiros fornos de padaria elétricos do Brasil e, mais tarde, em decorrência de sua paixão pelo setor metalúrgico (que estava em ampla expansão no Brasil nas décadas de 1950 e 1960), começou a atuar com reciclagem de sucata de metais não ferrosos e a produção da consagrada liga de bronze TM 23, tornando-se a maior empresa brasileira do setor com mais de 2 mil funcionários e 800 milhões de dólares em patrimônio líquido.

O engenheiro Salvador Arena faleceu em 1998 aos 83 anos, porém, como forma de perpetuar seu legado, em seu testamento lavrado em 1991 doou 100% de sua herança para a Fundação Salvador Arena, a qual atua em projetos sociais na área de saúde e educação. A FTT faz parte dessa fundação, assim como o Colégio Salvador Arena, e tornou-se uma das maiores referências em ensino na região do Grande ABC.

A resposta final? Sim... é possível!

* * *

Logo no primeiro ano de faculdade, comecei a trabalhar em uma nova empresa, uma multinacional de telecomunicações. Levantava todos os dias às 5h30 da manhã para pegar um ônibus intermunicipal que me levava ao centro de São Paulo. Era muito cansativo, pois, como eu morava numa chácara em Mauá bastante afastada do centro da cidade, havia dias em que o trajeto completo durava mais de duas horas para chegar no Terminal Sacomã em São Paulo, onde eu aguardava outro ônibus que demoraria mais trinta minutos para chegar à empresa que ficava na avenida Anchieta.

Apesar de todo esse esforço, tive um bom aumento salarial, de 300 reais por mês como monitor de inglês e informática para mil reais por mês como analista de suporte ERP bilíngue.[1]

Apesar de ter tido, no início, muita dificuldade para entender os indianos (que falavam muito rápido e eventualmente em dialeto local) e os chineses (que falavam bastante anasalado), eu era muito bem tratado por eles. O idioma, por fim, não havia se tornado uma barreira e de fato, brincadeiras à parte, finalmente eu via resultado nos meus esforços com pessoas que me apoiavam!

No final de 2007, mesmo trabalhando das 9 horas às 18 horas naquela multinacional e cursando faculdade à noite, prestei novamente o vestibular da USP e, para a surpresa de todos, passei! Então, eu poderia cursar a faculdade dos meus sonhos, estaria um passo mais perto da vida com a qual sonhava. Nesse momento aprendi a importância de persistir em nossos sonhos. Afinal, **os fracassos vivenciados no passado ficaram no passado, não estão no presente e tampouco construirão seu futuro se assim você decidir.**

---

1 Aquele ano como monitor de inglês me ajudou a me aventurar em suporte internacional para Índia, China e alguns países da Europa, o que, na verdade, não significa que eu entendia o que eles falavam, mas, como a prática leva à perfeição, ao final daquele ano eu já conseguia entender "*Thank you Rafiel*", pois é, meu novo nome era Rafiel!

Diante de uma decisão difícil, principalmente porque havia alcançado em poucos meses a liderança de uma equipe de sete analistas e a cada dia estava mais próximo de minha independência financeira, resolvi cursar as duas faculdades ao mesmo tempo e pedir demissão da empresa. Naquele momento, tinha convicção de que estava tomando a decisão correta.

Em 2008, então, cursava duas faculdades ao mesmo tempo, uma de manhã e outra à noite em locais geograficamente distantes. Pela manhã, o tempo de deslocamento de minha casa até a USP era de aproximadamente duas horas. Depois, da USP até a FTT eram mais duas horas no horário de pico; e da FTT até minha casa, aproximadamente uma hora e meia à noite. Ou seja, eu gastava, por dia, aproximadamente cinco horas e meia de transporte. No entanto, sempre que possível, utilizava esse tempo para ler livros, revistas ou estudar ao longo do trajeto. O tempo era escasso, então eu precisava aproveitar aquelas horas no transporte público de alguma forma. Como disse, fazia todo tipo de loucura para conseguir equiparar as minhas chances de vencer com aquelas de quem tinha nascido em condições melhores.

Abri mão de festas, viagens e passei fins de semana e feriados estudando ou fazendo trabalhos. Logo no segundo semestre da USP, para que eu pudesse equilibrar minhas finanças, obtive uma bolsa de monitoria para a matéria de "Introdução à Administração" (pois eu já a havia cursado na FTT e o professor havia gostado de meu desempenho), que na época era de 120 reais por mês. No ano seguinte, criei um projeto de Iniciação Científica e esse mesmo professor decidiu me orientar. Então, consegui mais uma bolsa no valor de 300 reais. Já no terceiro ano passei a ministrar aulas de informática aos sábados das 8 horas às 18 horas em uma escola de minha cidade, sempre buscando alternativas para obter independência financeira e fazer jus às minhas decisões.

Antes de me formar em Análise de Sistemas, passei por um período muito difícil. Descobri que era portador de uma doença degenerativa na córnea já em estado avançado. Imagine descobrir que de uma hora para a outra você pode ficar cego caso não encontre um doador ou não tenha dinheiro suficiente para bancar uma cirurgia particular! No entanto, da mesma forma que surgem problemas em nossa vida, também surgem anjos. Então, recorri à saúde pública na qual conheci a doutora Ana Carolina, do Hospital São Paulo. E tenho certeza de que você vai entender o que vou dizer agora: existem pessoas, médicos, amigos e até familiares que simplesmente aumentam nossa angústia, ou seja, fazem-no pensar que seus problemas (ou aquele pelo qual está passando) são maiores do que realmente são. Em contrapartida, existem pessoas que com sua simplicidade lhe trazem paz de espírito. Eu cursava duas faculdades ao mesmo tempo, estava no último ano da FTT e o que eu menos queria era impactar meus estudos e correr o risco de ficar cego.

De alguma forma a doutora Ana Carolina se sensibilizou e me ajudou do começo ao fim. Assim, realizei a cirurgia pelo Sistema Único de Saúde (SUS) e com o apoio dela tudo ocorreu bem. O tempo de recuperação não foi rápido, então, conversei com a diretoria da FTT e eles entenderam meu caso e também me ajudaram – depois de quase um mês em recuperação, consegui me formar no final daquele mesmo ano! Isso me deu confiança, sabe? Confiança de que eu estava fazendo a coisa certa, de que, mesmo diante de problemas, existiria uma saída e, ao contrário do que muitos falam, de que existem pessoas dispostas a ajudar genuinamente.

Essa força e confiança me geraram um único desejo, e então era hora de ter meu próprio negócio para gerar renda, e não ficar à mercê de problemas ou mesmo de bolsas para conseguir conquistar meus objetivos.

O tiro da vida

Quando tomei coragem e abri a minha primeira empresa eu acreditava que a melhor forma de ganhar dinheiro era trabalhar para mim mesmo, e não estava errado. Abri uma *startup* de base tecnológica, uma consultoria em desenvolvimento de sistemas com mais dois amigos. Fechamos alguns primeiros projetos, começou a vir um pouco de dinheiro e parecia que o negócio tinha futuro.

Contudo, eu não fazia ideia de que, comumente, a primeira tentativa de empreender é de fracasso – e isso é normal, apesar de sermos criados para achar que o fracasso é a maior desgraça que pode acontecer para alguém. A maioria das pessoas que fez coisas grandes fracassou em algum aspecto da vida (mesmo que nunca tenha necessariamente quebrado a empresa).

E quer saber? Você não precisa ter vergonha se isso também o apavora. "Mas, Rafa, eu vejo tanta gente que pega dinheiro da rescisão ou as economias e fracassa. Seja abrindo uma franquia, seja criando uma *startup*. Eu tenho a cabeça no lugar, não quero arriscar minha vida e meu sustento em algo que talvez só funcione certo na minha cabeça."

Pois bem, leia este trecho com atenção: a maioria dos bons empresários, aqueles que ficam milionários, quebrou uma empresa (ou mais de uma) antes de chegar a um patamar invejável de sucesso. Não se assuste, mas eu desejo que ao fechar este livro você tente com toda força trilhar seu novo caminho, e, se tiver de fracassar, que fracasse o mais rápido possível (o que não significa que você necessariamente deve empreender, mas que vá atrás do sonho que for).

O fracasso nada mais é do que um dos passos na direção do sucesso. Como diria o estadista russo Vladimir Lenin, "um passo atrás, mas dois para a frente!". O fracasso, muitas vezes, é o "passo atrás" necessário para que você possa seguir adiante dois passos rumo ao seu sucesso.

O fato é que no plano original você não ganha o dinheiro esperado e a pressão é ainda pior. Investimos tanta energia emocional em nossos "planos perfeitos" que na primeira queda você corre o risco de voltar para o ciclo do fracasso caso não tenha isso claro em mente. E pior: além de ser "traído" pela sua paixão, você volta a fazer aquilo de que não gostava para pagar as dívidas que o fracasso deixou e de bônus tem o constrangimento público por ter quebrado ou sido demitido naquela promissora carreira. Dói? Claro que sim!

Eu entendo todas essas dores e dúvidas mais do que você pode imaginar. Afinal, sabe o que aconteceu com aquele meu negócio que parecia estar dando certo? No final de 2011 quebramos! Sim, quebramos!

No clients, no money, no company! Começamos com alguns projetos, porém fechados com pessoas conhecidas. O tempo foi passando e não conseguimos trazer novos projetos, principalmente porque não tínhamos autoridade de mercado tampouco relacionamento suficiente para manter uma consultoria.

Foi então que entendi uma coisa: vender serviço é diferente de vender produto! Isso, porém, vou explicar com mais detalhes no capítulo 9 no qual revelo os segredos que me fizeram criar uma empresa multimilionária em menos de um ano.

Neste momento, quero que você se atente a uma questão: para uma empresa se manter, ela precisa de fluxo de caixa, ou seja, clientes ativos injetando dinheiro no negócio o ano todo. Nós começamos com clientes ativos, mas os perdemos, e os projetos foram sendo finalizados sem a contratação por novos clientes. Quando a empresa quebrou fiquei com uma dívida de 30 mil reais, e com colaboradores autônomos para pagar e associados. Com 22 anos, já tinha uma dívida maior do que a soma dos salários que eu havia ganhado na vida corporativa anterior. Era assustador! Tudo isso porque eu ainda não conhecia o **sistema** (que na minha opinião é o maior segredo que vou relevar em breve neste livro).

Outro aspecto que essa empresa me ensinou foi que plano de negócios pode ser a proposta mais falsa do mundo.

Planejar seu negócio com números falsos e acreditar que serão alcançados porque pensou neles com muito cuidado e por isso os clientes vão aparecer e pagar o que você deseja beira a ingenuidade.

Portanto, se fechar este livro agora, tenha apenas uma ideia em mente, que já ficarei feliz – na operação inicial de minha primeira empresa, nosso *business plan* tinha 103 páginas de marketing, vendas, operação, logística e financeiro, mas não passava de achismo! O negócio precisa mais de sua energia e seu coração do que um plano com números baseados no que você sonhou na noite passada. Plano de negócios faz sentido numa operação em andamento com *track record*, se o negócio ainda não existe, você está fazendo um plano de achismo (assuma!).

O maior plano de negócios que existe é cliente na carteira, fluxo de caixa e depois toda essa parafernália teórica.

Eu sei, talvez você possa estar incomodado com o que estou dizendo! Talvez tenha pensado "Ele está falando besteira!", mas também sei que algumas verdades podem contradizer o que você aprendeu no passado ou até ensina em suas aulas. Neste momento, porém, apenas peço seu voto de confiança para continuarmos juntos, ok?

Além de ter percebido isso em campo, outras pessoas, como Saeed Amid, fundador da Plug and Play, uma das maiores aceleradoras do Vale do Silício (que levantaram mais de 500 milhões de dólares para o Dropbox e o Paypal), em um almoço me disse a mesma coisa: "Plano de negócios? Não... aqui não queremos números imaginários, mas um líder resiliente e apaixonado!". No entanto, quando quebrei pela primeira vez, eu não entendia quase nada disso (mas tinha um *business plan* de 103 páginas, e não é brincadeira!).

Você não precisa de um manual que nunca será aberto, mas sim de uma ideia (para a qual você criará uma estratégia para que seja colocada em prática) e um sistema inteligente capaz de gerar o máximo de retorno com o mínimo de investimento. É isso que fará você e seu negócio atingirem 100 graus!

* * *

Logo depois de quebrar, passei por grandes crises pessoais. Entrei em conflito com a minha namorada da época, terminamos e logo depois ela quis voltar e eu não quis (e aqui vou lhe contar um segredo: não voltei aquele dia por uma palavra chamada O-R-G-U-L-H-O!). E como nada acontece por acaso, você vai entender no capítulo 2 por que esse episódio é tão importante.

Acontece que, depois de minha negativa, ela realmente decidiu seguir a vida. Eu já queria a reconciliação, mas me fiz de difícil pois pensava que ela tinha de correr atrás de mim para provar que realmente queria estar comigo.

E aqui fica uma lição aprendida a duras penas: as pessoas não vão correr atrás de você, seja na vida pessoal, seja na profissional, elas precisam buscar a felicidade delas também, é um caso clássico do óbvio que ignoramos.

Eu perdi 18 quilos em três meses por conta das perdas que estava vivenciando e não conseguia ficar bem. De fato, foi uma espécie de lipoaspiração emocional, mas que não recomendo a ninguém, pois minha empresa afundou e eu também!

Não contente com tudo isso, a vida ainda me deu algumas surpresas, e a pior de todas: a morte de meu pai, repentinamente, no dia 19 de março de 2012, de uma doença cruel chamada Síndrome de Guillain-Barré.

No momento que estava escrevendo este livro, pensei muito se eu deveria ou não compartilhar esta história com você. Afinal, é algo muito marcante para mim e acredito que meus sentimentos naquele período podem trazer algum aprendizado. Por isso nas próximas linhas quero que você esteja 100% presente comigo com uma das histórias mais fortes (e tristes) que já vivi.

Dias antes de seu eterno adeus, meu pai teve uma pequena infecção no estômago, com diarreia e vômito, mas rapidamente melhorou. No entanto, como praxe, toda infecção aumenta a produção de glóbulos brancos para combater aquilo que nos faz mal.

O que eu não imaginava é que nosso corpo pode se tornar uma bomba relógio. Essa doença chamada Síndrome de Guillain-Barré é rara e ocorre quando, após uma infecção, a produção de glóbulos brancos não para. Nesse momento, seu corpo passa a ser o próprio agente maligno e por isso ela é chamada de doença autoimune, pois ataca o proprio organismo, em especial, o sistema nervoso. Então, no dia 8 de março de 2012 meu pai foi internado na Unidade de Terapia Intensiva (UTI). Diversos exames foram feitos, mas demorou quase dois dias para concluírem que se tratava dessa doença.

No quarto dia, meu pai já estava tetraplégico, não tinha mais controle dos braços, das pernas e não conseguia mais falar. Dia após dia eu o visitava com minha mãe. Lembro-me do olhar profundo e preocupado. Algumas poucas vezes ele conseguia acenar com a cabeça "sim" ou "não", com um leve balanço. Às vezes brincava quando ele estava semiconsciente se queria um beijo na testa, então fazia um leve balanço dizendo que "sim", aceitando o gesto de carinho. Nunca fomos de nos abraçar, beijar, nossos cumprimentos eram um soco no braço, um aperto de mão e, quando jovem, uma queda de braço assim que ele chegava da empresa. No entanto, aquele beijo na testa era meu mais profundo gesto de carinho na esperança de que tudo ficasse bem.

Espero que você nunca passe por isso, mas talvez você se recorde daquela vez que esteve em uma UTI, da tristeza que existe entre aquelas paredes. Em minhas idas e vindas, lembro que um dos vizinhos de cama do meu pai faleceu enquanto estávamos por lá e, no dia 19 de março de 2012, por volta das 14h25, minha mãe atendeu uma ligação. Eu estava em meu quarto ouvindo música no último volume pensando em tudo o que estava acontecendo quando minha mãe me chamou às pressas. Aquela ligação era do hospital pedindo que nos dirigíssemos até lá com urgência mas não informava mais detalhes.

Naquele dia estávamos aguardando a liberação de um procedimento cirúrgico chamado traqueotomia, que possibilita a respiração pela traqueia. Devido ao avanço da doença no 11º dia os músculos do corpo de meu pai não estavam suficientemente fortes para manter o sistema respiratório em pleno funcionamento sem ajuda de aparelhos, e a tubulação estava gerando infecção na região nasal e na garganta. A solução seria a traqueotomia conforme avisado pelo médico encarregado no dia anterior, mas antes fariam uma avaliação de estado para então entrarem em procedimento. Assim que a avaliação terminasse, eles entrariam em contato para assinatura dos documentos.

Para minha mãe esse era o motivo para nos chamarem ao hospital. No entanto, escutando aquela música no meu quarto, lembro-me de ter sentido um grande vazio. Quando o telefone tocou eu sabia que algo estava acontecendo e na sequência liguei para minha tia para que também fosse ao hospital sem que minha mãe soubesse, pois se a notícia fosse a pior eu precisaria de ajuda.

Chegamos ao hospital. Na sala de espera da UTI havia um violinista tocando para os acompanhantes dos internos. Aquela música suave, ainda que acalmasse o coração, gerava uma profunda tristeza e sentimento de perda.

Passados quinze minutos, fomos chamados na sala do médico encarregado e então recebemos a notícia: "Com muito pesar informo que seu marido teve uma parada cardíaca e não conseguimos trazê-lo de volta".

Lembro-me da primeira frase da minha mãe: "Não acredito!", e desabou a chorar.

Lembro-me de não ter chorado ou sequer ter pronunciado uma palavra.

Era um silêncio interminável. Minha verdadeira grande perda.

Como assim jamais veria aquele sorriso de novo? Aquele jeito turrão e acelerado, mas ao mesmo tempo de um coração tão grande que só pensava nos outros e muitas vezes esquecia de si próprio.

Ele chegou a trabalhar à noite para ganhar 50% a mais e me ajudar a estudar, pois apoiou minha iniciativa de cursar duas graduações ao mesmo tempo. Tudo o que meus pais julgavam ser possível, eles tentavam ajudar. Sempre tive uma competição forte com meu pai, para me equiparar a ele, provar-lhe que era digno de ser seu filho. Quando ele faleceu, eu praticamente desisti de concluir meu mestrado, deixei passar o prazo de defesa de minha dissertação mesmo com a pesquisa pronta e todas as matérias concluídas, para mim mais um título que não ia servir de nada — até porque meu pai era uma das pessoas que mais gostaria de me ver formado.

É impossível escrever isto sem chorar, mas tem um fato que me marcou para sempre: quando meu pai estava no hospital, ainda no segundo dia antes de subir sedado para a UTI, ele me disse sua última frase: "Rafa, cuida da mãe".

Acontece que, entre perdê-lo e ter de cuidar da minha mãe, eu entrei em depressão. Como poderia cuidar de minha mãe se eu mal conseguia cuidar de mim mesmo? Eu realmente não sabia o que fazer.

Para piorar, no mês seguinte meu avô paterno faleceu e minha mãe também entrou em depressão. Eu estava distante de tudo e de todos. Na verdade, não conseguia sequer me encontrar e, em vez de fazer o que meu pai havia pedido em seu leito de morte, eu e minha mãe ficamos meses sem falar sobre o ocorrido, porque não sabíamos o que falar um para o outro.

A dor aumentava, eu estava desempregado e com cartas do Serviço de Proteção ao Crédito (SPC) chegando em casa, pois estava devendo milhares de reais. Foi quando não pensei duas vezes e aproveitei que minha mãe saíra de casa para levar meus avós maternos ao médico. Fui até o cofre do meu pai onde sabia que estava guardado um revólver calibre 38, peguei-o nas mãos, verifiquei se a arma estava carregada e me perguntei sentado na cama: "Devo acabar com tudo?".

Muita coisa rodava na minha cabeça naquele momento, e eu não conseguia parar de pensar que havia estudado nas melhores escolas, havia perdido tempo, feito o que achava que ia dar certo, para que meu pai no final morresse e ainda me deixasse com a responsabilidade de cuidar da minha mãe. Eu, que não conseguia manter um namoro ou uma pequena consultoria? Eu que tinha problemas de saúde e em breve deveria fazer um segundo transplante, desta vez no olho direito, e passar por tudo aquilo de novo? Será que não era a hora de terminar com a minha vida? Chega. Não existe saída para quem nasce como nasci, e vai passar a vida enxugando gelo para conseguir coisas pequenas, eu pensava.

Estar tão próximo de aniquilar a própria vida me deu um estalo. Chorei e chorei muito, liberando toda aquela dor e angústia que há tanto tempo estava reprimida. E então, por algum motivo, disse a mim mesmo: tenho um dever a ser cumprido, preciso fazer alguma coisa e não vai ser hoje que vou desistir de tudo!

Esse foi o episódio que chamo de **tiro da vida**, o tiro não disparado que me gerou a mais profunda vontade de vencer meus próprios pesadelos, seguir em frente e realizar algo grande, mas que ainda não sabia o que era ao certo.

A mudança não aconteceu logo, foi um processo gradual que levou praticamente um ano, durante o qual todos os dias eu olhava para o espelho e, por mais que me sentisse um trapo, falava para mim mesmo que ia superar tudo aquilo porque tinha algo a cumprir. Não poderia desonrar minha mãe, tampouco meu pai ou a mim mesmo.

Sem ninguém saber fui a um psiquiatra e ele disse que eu estava quimicamente doente, em depressão e me receitou um medicamento controlado – sim, tarja preta –, mas saber disso apenas me fortaleceu e criou uma nova determinação: da mesma forma que eu entrei nessa sem qualquer tipo de drogas, vou sair dessa sem precisar tomar nenhum remédio controlado. Imprudente de minha parte? Talvez, mas já que o diagnóstico era aquele, comecei a buscar formas alternativas de tratamento, inclusive frequentar a academia, pois ajuda a controlar os níveis de adrenalina, endorfina e serotonina (o mesmo que psicoativos fazem em casos de depressão), mas de forma natural.

Com o diagnóstico do psiquiatra entrei com recurso na Universidade Federal do ABC (UFABC) para que eu pudesse defender meu mestrado, para minha alegria o recurso foi deferido e então fui aprovado em minha banca de dissertação tornando-me mestre em Engenharia da Informação.

Logo em seguida, para restabelecer minha saúde financeira, comecei a me candidatar para vagas do mundo corporativo, afinal havia trabalhado um ano em multinacional, tinha duas graduações e um mestrado aos 22 anos. Conseguir um bom emprego seria moleza, certo? Não exatamente... Veio a surpresa: ninguém me chamava!

Toda a educação, iniciações científicas, projetos e experiências que eu havia buscado freneticamente não me valiam no momento em que eu mais precisava. Fui buscar entender o que estava acontecendo, e descobri que os RHs tinham medo do meu currículo por três motivos:

1. deve ser mentira, não vamos perder tempo;
2. deve ser um perfil que vai trocar de empresa na primeira oportunidade;
3. deve ser um perfil acadêmico, sem experiência e caro demais.

Pois bem, então veio um *insight*: mandar currículos sem o título de mestre. O resultado? Não apenas um, mas vários lugares me chamaram. E entrei como analista em um banco gigantesco com salário inicial de 5 mil reais mais benefícios e Participação nos Lucros e Resultados (PLR). Era o suficiente para eu equilibrar minha vida novamente.

Empregado e com certa estabilidade, comecei a pagar minhas dívidas e a buscar alternativas para fortalecer meu emocional. Afinal de contas eu ainda estava deprimido e lutando contra mim mesmo todos os dias. Foi nesse momento que comecei a investir nas formações de PNL, coaching e hipnose para tentar me encontrar e eliminar algumas crenças que havia instalado num momento de fraqueza.

Além disso, comecei a ler diversos livros de autores como Robert Kiyosaki, T. Harv Eker, Tony Robbins, Richard Bandler, entre outros. Não vou mentir, demorou para conseguir modelar novas crenças, mas à medida que estudava esses "gurus" do desenvolvimento pessoal eu descobria que muitos deles haviam passado por situações semelhantes, que muitos deles haviam ficado milionários depois de superar grandes crises, que muitos deles chegaram à beira do poço e fizeram a mesma pergunta que eu fiz. Essa história não havia acontecido apenas comigo!

A partir daí, comecei a explorar meus títulos e minhas habilidades, cada um no ambiente correto. Com o diploma de mestre, pedi ao meu primeiro mentor – um professor da USP que havia me ajudado muito no passado, o nome dele é Fernando Coelho, e a quem sou eternamente grato – uma oportunidade para dar aulas. Uni meu desejo e minha aptidão técnica à crença de que esse grande amigo tinha em mim. Em pouco tempo eu estava dando aulas em cursos regulares e matérias pontuais em programas de curta duração.

Eu trabalhava de manhã e dava aulas à noite. As aulas serviam como um porto seguro, se houvesse algum problema com meu emprego regular eu não ficaria sem dinheiro, pois tinha renda extra suficiente para manter meus gastos daquele período.

Eu tinha em mãos um sistema quase perfeito e estava próximo do meu ponto de ebulição!

O sofrimento que havia experimentado me levou a entrar em contato com aquilo que faltava para meus 100 graus: unir minha habilidade natural para falar em público com minha capacitação técnica e então ganhar ainda mais dinheiro. Desde muito pequeno eu sentia prazer em ver a expressão das pessoas quando eu falava, e de perceber que elas interagiam e aprendiam comigo. Minha intuição apitou: havia algo ali. Eu estava começando a expandir em vez de congelar a 0 grau – como estava na eminente depressão vivida meses antes.

A hora de crescer chegou

A maioria das pessoas não tem responsabilidade sobre si mesmas, e isso transforma o indivíduo em algo que chamo de *traça social*. Talvez você conheça algumas traças sociais, aquelas pessoas que estão perambulando pelo mundo, "comendo a roupa dos outros em vez de criarem o próprio alimento", escondidos no escuro, aproveitando-se daquilo que não lhes pertence. O mundo está cheio de traças sociais, enquanto o caminho da felicidade é encontrar o que o apetece, gerar o próprio sustento a partir disso e finalmente alcançar independência financeira e emocional. Falo aqui em independência emocional, pois em estados de baixa autoestima, ou até de depressão, nós nos tornamos emocionalmente dependentes de fatores externos, como coisas e pessoas, e internos, como manias. Tudo o que você conquista, tudo o que faz, todas as pessoas que conhece devem somar algo a você, e a única certeza que deve ter é a de que, mesmo se você não tiver nada disso, conseguirá se sentir feliz e no controle.

Portanto, assim como o sucesso e o dinheiro, a felicidade também é uma decisão! Por isso, em nível emocional hoje entendi que, devido às reviravoltas da vida, a dor pode ser inevitável, mas o sofrimento é uma escolha. Permanecer num quadro de depressão é uma decisão sua, por dois motivos:

1. Em nível químico, existem tratamentos e medicamentos capazes de apoiá-lo em suas disfunções hormonais e você não precisa se envergonhar ao passar por uma consulta com especialista (por exemplo, um psiquiatra).
2. Em nível emocional, você pode deixar de lado o orgulho e assumir que está em uma situação na qual não queria estar, que qualquer que fosse o plano de vida, ele deu errado. Isso não vai lhe gerar nenhum prejuízo social, mas, sim, prejuízos emocionais ou até químicos se continuar remoendo um sentimento que não compete à realidade só porque não quer ser autêntico consigo próprio. Nesse momento você para de se preocupar consigo mesmo e se preocupa com o meio externo que em nada o ajudou e, muitas vezes, na primeira oportunidade vai encher sua cabeça com um monte de baboseiras e ainda se colocar em um nível de abalo emocional pior do que antes.

Como eu comumente diria: Na boa? Livre-se disso! Deixe o orgulho de lado para seguir o que vai lhe trazer o ponto de ebulição. Não titubeie para enfrentar seus problemas tampouco crie um problema que não existe: as tais pessoas! Tire algumas ideias da cabeça, como: "O que vão pensar?", "E se descobrirem?", "E se ele ou ela me vir fazendo isso?". A maioria das pessoas tem um medo latente de enfrentar os próprios problemas principalmente se isso atingir o ego. Ter medo de seguir em frente é como ter medo do que pode ser a porta da felicidade. O medo serve justamente para preveni-lo do mal, mas ter o medo para preveni-lo do bem vai contra a sua natureza! Quando você tem medo do que lhe faz bem, luta contra a sua sobrevivência, entendeu?

Reveja sua vida neste momento. Você está empregado ou cursando uma faculdade da qual não gosta? Está se matando de trabalhar por pouco dinheiro? Vai seguir uma carreira por vinte anos e ansiar desesperadamente por emendas de feriado? Você acreditou que queria isso, você acreditou que precisava, mas estava errado, então, está tudo bem se mudar de ideia. Você simplesmente ainda não estava preparado para escolher. A decisão de carreira aos 17 anos é um crime, é praticamente dar uma arma para uma criança e dizer para ela ir ao quintal com os amiguinhos brincar de polícia e ladrão! Nessa idade, poucas serão as pessoas com maturidade para saber o que querem.

Enfrente o medo de errar

A cultura que faz todo mundo ter muito medo do fracasso é uma cultura de motivação negativa. Ter foco de vida em não errar não é como trabalhar para acertar. Vivemos uma era na qual o erro é considerado um crime, e não parte do processo de qualquer aprendizado. Culturas mais pragmáticas – que em geral são mais empreendedoras – entendem o erro como uma parte das decisões, uma parte do processo.

Quando conheci Saeed Amid, ele disse algo esclarecedor sobre a cultura do erro. Ele disse que, ao avaliar em quais empresas vai investir, fica muito preocupado quando chega um empreendedor e lhe diz que nunca quebrou um negócio. Um dos principais motivos é que quando ele finalmente quebrar, ou tiver de pivotar o modelo de negócios (ou seja, imagine alguém que trabalhe com venda de laranjas, mas, na verdade, o mercado não quer mais laranjas inteiras e sua plataforma deve parar de vendê-las e passar a vender suco natural como novo modelo de negócios), não terá inteligência emocional para suportar o problema e seguir em frente com o negócio, encontrando soluções para dar a volta por cima (e lucro para os investidores).

Este é um conceito que norteia as decisões de um investidor que capta e investe muitas vezes mais de 500 milhões de dólares em um negócio. O que percebo é que quem entende de dinheiro em geral entende muito de erro e fracasso também.

Vivemos em um país onde errar é malvisto, quando na verdade o erro o ajuda em sua formação para desafios maiores. E mais, quando você entende que o erro é parte do processo, não se intimida com uma queda, e naturalmente dá andamento para o negócio.

Errar significa aprender como se transformar em alguém mais resiliente e preparado para enfrentar coisas maiores, desafios mais audaciosos. Não é possível acertar todas as vezes num horizonte desconhecido, mas é a tentativa e o erro que fazem a alquimia perfeita em muitos negócios e projetos. Matematicamente, você deve apenas acertar mais do que errar, e perceber quais erros, mesmo que únicos, poderiam tirá-lo de vez do jogo. A partir do momento que sabe quais são seus erros, você cria contingências e toma o cuidado necessário (mas não congelante) ao tomar decisões.

A realidade é que, melhor do que acariciar o ego como "profissional exemplar" (mesmo ganhando pouco), você precisa se colocar à prova e arriscar mais vezes e errar mais rápido. Dessa forma você se levanta, segue em frente, e evita erros passados, construindo uma torre sólida, e não uma torre de cartas que qualquer vento a desmorona.

É como montar aqueles circuitos de dominó com 50 mil pedras. Então, uma pedra ativa a queda de uma sequência de outras pedras formando um efeito maravilhoso com pedras coloridas. Você acha que no processo de montagem não acontecem erros que podem destruir toda a composição? Sim, acontecem! Contudo, ter contingência e mitigar riscos significa que a cada mil pedras, coloca-se uma divisória. Se esse bloco de mil pedras sofre algum erro, apenas ele precisará ser refeito, simples assim. Desse modo, a possibilidade do erro existe, mas a cada degrau que sobe note que estará mais próximo da pedra número 50 mil!

Dentro de meus erros e acertos, acabei me desenvolvendo em algo que nunca imaginei (e que não existe no catálogo de cursos de nenhuma faculdade). Eu atuo na monetização de produtos e marcas pessoais no meio digital em parceria com celebridades e empresários de grande autoridade no mercado. Minha habilidade é enxergar onde existem milhares de reais que possam ser monetizados mas os quais as pessoas ainda não exploraram. Isso tudo usando minha habilidade de criação (que me gera facilidade em criar campanhas capazes de se conectar instantaneamente com o público-alvo e convertê-lo em clientes) e minha visão estratégica (que me ajuda em predições futuras em relação a qual modelo de negócios adotar em cada situação).

De início esse assunto era um pouco nebuloso, até que comecei a ter resultados expressivos com clientes e parceiros que ora faturavam 500 mil reais por ano em um produto, e com alguns ajustes conseguiram faturar mais de 2 milhões de reais em quatro meses.

Ao longo do livro vou lhe contar com mais detalhe sobre a empresa que fundei e como cheguei até essas pessoas. Por enquanto, porém, quero apenas compartilhar que sou conhecido por algumas pessoas como o Empresário Digital das Celebridades e dos Megaempresários. Se eles estão certos ou não, só sei que hoje faço aquilo que acredito estar diretamente relacionado a minhas verdadeiras competências e dons. Nesta caminhada, muito mais que apenas criar dinheiro ou um estilo de vida bacana, entendi que minha missão é ajudar pessoas como você a ser felizes e ganhar mais dinheiro, assim como eu, por meio de suas reais competências e dons!

No entanto, minha virada aconteceu quando finalmente dominei o **sistema**, o que em breve vou lhe mostrar!

Antes de chegarmos a esse assunto, porém, quero lhe passar algumas impressões pessoais. A maioria das profissões dos próximos milionários ainda não existe. Assim como não existia "empresário digital de celebridades" ou CEO de rede social há quinze ou vinte anos. Você precisa ouvir dentro de você o que está apitando, que talentos estão aí, e nesse momento é hora de deixar o medo de fora – e o orgulho a quilômetros de distância.

Você já deve pelo menos ter conhecido a história de Chris Gardner – que foi tema do filme *À procura da felicidade*, estrelado por Will Smith em 2006. Chris é o improvável extremo: nasceu pobre, tinha uma carreira de vendedor que não amava e acreditou por muito tempo que deveria insistir nela, para ter a famosa segurança. Ele foi deixado pela mulher e chegou a dormir em abrigos enquanto trabalhava sem remuneração para cavar uma chance de ser corretor de ações em uma grande empresa. Seu primeiro milhão chegou bem depois dos 40 anos, e nem por isso ele desistiu daquilo que conseguia ver para si mesmo no futuro. Chris Gardner tinha tudo para nunca se tornar nada, mas sua intuição de que seria o melhor corretor de ações o levou a um sucesso que não condizia com o que se esperava da sua educação ou seu status social. Os exemplos são muitos, mas citarei apenas mais um.

Nos anos 1970, uma ex-modelo vinda de uma família de classe média baixa – que havia modelado para marcas grandes, porém sem se tornar uma celebridade durante a juventude – decidiu começar, aos 35 anos, um negócio de bufê com uma amiga. Em pouco tempo as duas brigaram, mas os clientes cada vez mais importantes continuavam contratando o bufê, então, ela decidiu comprar a parte da amiga no negócio e continuar sozinha. Um editor se encantou pelo serviço, e, em 1982, a convidou para escrever seu primeiro livro. Nesse ano Martha Stewart (cujo nome original é Martha Kostyra) se tornou uma personalidade nacionalmente conhecida nos Estados Unidos, e, aos 41 anos, ela inicia o que é hoje o maior império de entretenimento e *lifestyle* do mundo, contando com publicações, livros, revistas, programas de televisão, produtos próprios e lojas. Nem mesmo uma prisão por sonegação de impostos alguns anos atrás diminuiu o sucesso e a popularidade de Martha Stewart. Afinal, quando apresenta um programa ou fala sobre *lifestyle*, receitas e recepções, mostra que não existe competição: ela é a melhor, mais rápida e mais forte. E nada brilha mais do que alguém que sabe onde está seu maior talento.

É difícil dizer exatamente o que determinou o sucesso tardio dessas personalidades, mas creio que é visível que, em determinado momento, tanto Chris Gardner quanto Martha Stewart se descolaram daquilo que era esperado deles para seguir uma voz interior imperativa. Eles haviam encontrado o ponto de ebulição para finalmente expandir seu potencial.

Pois bem, acredito que até aqui você tenha tido contato com alguns elementos que serão essenciais para criar aquilo que chamo de **sistema** e finalmente entrar em ebulição, ou seja, sair da Matrix e alcançar o ponto de ebulição. Para facilitar sua jornada, preparei um bônus especial que você encontrará no link a seguir:

www.rafaprado.com.br/bonus-100graus

Espero que goste deste presente e surpresa! Aliás, não se preocupe se ainda nem todos os pontos se encaixaram. Garanto que ao final deste livro e do material extra que preparei para você tudo fará mais sentido. Contenha também a curiosidade sobre o que é esse tal de **sistema** afinal, pois cada capítulo tem informações e histórias essenciais para que você encontre esse 1 grau que ainda lhe falta. Falando nisso, no próximo capítulo falarei sobre como o mundo em que você vive está programando suas crenças e contarei um segredo inédito para que finalmente assuma o controle de si.

▼ Cada capítulo foi projetado para você entrar em um profundo processo de autodesenvolvimento. Sugiro que tenha um caderno à parte para realizar cada exercício proposto. Note que o sucesso é uma decisão, pular esta etapa não o ajudará a estar preparado para aplicar o **sistema** com sucesso em sua vida. Você tem a chance de fazer certo daqui para a frente, portanto faça sua escolha.

Responda cada uma das questões a seguir para aquecer 10 graus rumo à ebulição:

1. Em seu caderno, você reservará uma folha para escrever sua história de vida. Escreva um parágrafo para cada cinco anos, partindo de seu nascimento até a idade atual. Lembre-se de cada momento importante e descreva-os com o máximo de detalhes, como se estivesse escrevendo um livro. A cada parágrafo identifique também a decisão mais importante que teve de tomar naquele período. Respeite suas emoções, tome o tempo que for necessário.
2. Com sua história descrita detalhadamente, escreva agora os momentos em que pessoas (seus pais, tios, irmãos etc.) o repreenderam por causa de erros cometidos ou em que repetiam continuamente a mesma frase para evitar que cometesse determinado erro. Escreva-os enumerando cada erro e descreva como se sentia com o máximo de detalhes.
3. Lembre-se e escreva as frases que pessoas (seus pais, tios, irmãos etc.) falavam para você sobre ter um negócio, empresa ou ser um profissional autônomo. Falavam coisas boas? Ruins? Identifique a pessoa e liste cada uma das frases, escreva como você se sentia.
4. Lembre-se e escreva as frases que pessoas (seus pais, tios, irmãos etc.) falavam para você sobre ter muito dinheiro, sobre pessoas ricas. Falavam coisas boas? Ruins? Identifique a pessoa e liste cada uma das frases, escreva como você se sentia.
5. Retorne ao exercício 2. Leia mentalmente cada represália recebida em relação a erros cometidos ou erros que você não podia cometer. Lembre-se do sentimento do momento. Com os olhos fechados, reconstrua a cena com uma frase positiva que gostaria de ter ouvido daquela pessoa na época. Substitua o sentimento negativo por se-

gurança e gratidão ao ouvir a frase positiva. Repita de três a cinco vezes cada item.

6. Reescreva todas as frases negativas que lhe disseram sobre ter um negócio, uma empresa ou ser um profissional autônomo de maneira positiva. Por exemplo: "Ter empresa é apenas para gente rica", nova frase "Todas as pessoas podem ter uma empresa". Leia todos os dias essas novas frases pelos próximos sete dias.
7. Reescreva todas as frases negativas que lhe disseram sobre ter dinheiro, ser rico ou ser próspero de maneira positiva. Exemplo. "Ter dinheiro não é para todo mundo", nova frase "Todas as pessoas podem ter dinheiro". Leia diariamente essas novas frases pelos próximos sete dias.
8. Reescreva todas as frases negativas que lhe disseram sobre ter muito dinheiro. Por exemplo: "Pessoas ficam ricas roubando outras", nova frase "Pessoas ficam ricas trabalhando e sendo honestas". Leia todos os dias essas novas frases pelos próximos sete dias ao acordar e ao dormir.
9. Escreva como você imagina sua história para os próximos dez anos em parágrafos de dois anos. O que você quer conquistar? Quem vai estar com você? Qual seu sentimento? Quais serão suas novas crenças? Você terá dinheiro? Saúde? Descreva desalmadamente sua história do futuro do jeito que sempre sonhou.
10. Escreva quais serão as cinco decisões que você deverá tomar a partir de hoje para que essa história se torne realidade. ■

2 CAPÍTULO

O PLANO A E SEUS PROBLEMAS

Recentemente li uma pesquisa que mostra que 72% dos brasileiros estão insatisfeitos no trabalho. Esse estudo foi publicado em 2015 pela International Stress Management Association (ISMA) e segue dizendo que, desses 72%, 89% afirmam que o problema está na falta de reconhecimento no trabalho.

Confesso que não fiquei surpreso com o resultado e, de fato, você não está sozinho quando se sente completamente asfixiado pela rotina profissional que leva e as poucas recompensas que recebe em troca.

Ao longo deste capítulo vou compartilhar com você minha história pessoal e minha experiência no setor bancário. A maioria das pessoas tem a sensação clara de que, em sua carreira, do jeito que as coisas estão, em dez, vinte, trinta anos, nada terá mudado. Comigo não foi diferente afinal e, quando percebi que para alcançar a faixa salarial de meu chefe eu demoraria pelo menos oito anos e isso sequer significaria dobrar meu salário, pulei fora. De qualquer forma não vou entrar em detalhes agora, por hora, quero apenas promover uma reflexão: O que verdadeiramente o segura?

Pergunto isso porque, ao mesmo tempo em que parece um senso comum que hoje a carreira clássica já não é mais tão interessante assim (as pesquisas mostram isso), existe pressão para que sejamos bem-sucedidos da forma mais clássica possível. MBAs, promoções, cargos em multinacionais, carreira executiva meteórica. A pressão externa gera a pressão interna, o mundo mudou, a comunicação se acelerou, mas ainda existem as mesmas expectativas de vinte anos atrás, o que significa que no fundo seus pais ainda querem que você seja médico, engenheiro ou advogado e você ainda se vê como um executivo de sucesso quando pedem para imaginar o que é ser bem-sucedido.

Por isso, pergunto de novo: O que verdadeiramente segura você?

A realidade é que existe toda uma indústria montada para vender esse "modelo perfeito" de sustento. Na faculdade (aqui no Brasil) você não aprende a ser empresário, e sim funcionário. Nos comerciais de TV, o glamour está nos executivos e não nos libertários (considerados inclusive vagabundos pela sociedade). Quando você menos espera, já está seguindo a manada, afinal essa tal indústria vende isso como a mais sensata das alternativas. Será?

Recebemos pressão diária para nos encaixar em algo que nem sabemos se queremos. Hora da família, da namorada, dos amigos – afinal estão todos desfilando posts com hashtags #LoveMyJob, falando que se automotivam não importa a situação, ou então ostentando novos bens materiais (que, devo lembrar, você precisa considerar que são só aparência). Então, renovo na minha mente a tal pesquisa... talvez 72% desses posts sejam pura mentira e, na verdade, essas pessoas estejam infelizes!

O maior problema do plano A é que, em geral, ele é traçado quando você tem entre 15 e 17 anos e escolhe uma profissão. Convenhamos, porém, que um jovem de 17 anos não tem maturidade para traçar uma estratégia de longo prazo (leia-se carreira). Talvez neste momento você que tem um filho nessa idade pense: O meu já é maduro para pensar no futuro!

Continuando... Ok, ok, tenho certeza de que ele já é maduro, porém existe algo no nosso cérebro chamado córtex pré-frontal, que, dentre suas várias funções, é responsável por pensamentos complexos, planejamento e tomadas de decisão. O fato é que seu completo desenvolvimento vai até os 25 anos, antes disso há predominância de pensamentos de curto prazo, sem clareza real sobre questões futuras. Faça o teste: pergunte para um adolescente se ele já pensou em morrer ou se pensa nos riscos à vida decorrentes de esportes radicais. Provavelmente a resposta será não! Isso porque a aversão a riscos que possam provocar a morte (preocupação futura) se tornam mais presentes após o completo desenvolvimento do córtex pré-frontal. E isso também ocorre em relação à capacidade de planejamento e questões de longo prazo não relacionadas à morte.

Ainda que muitos contem com a ajuda de testes vocacionais, eu particularmente defendo que um teste não pode nesse momento definir a vida futura de um adolescente como uma cartomante faz com sua bola de cristal, até porque, na maioria das vezes, eles não apresentam respostas que sejam sequer coerentes. Sei que existem profissionais sérios, porém quando fiz um desses testes no ensino médio obtive como resultado Engenharia, Administração ou Direito.

Talvez você tenha realizado esses testes, feito orientação vocacional com um daqueles testes que lhe dá trinta opções diferentes de cursos para seguir e entrado na faculdade fazendo uma roleta-russa com uma dessas opções. Se você trancou ou desistiu a culpa foi sua, ok?

Brincadeiras à parte, o problema na verdade nem está no teste, mas no momento de falta de clareza do adolescente que em verdade não tem ideia do que é ser um administrador, advogado ou engenheiro (quiçá um físico nuclear!).

Minha primeira faculdade foi Análise de Sistemas, mas o curso era bastante focado em programação e descobri que, apesar de gostar de tecnologia, jamais seria um exímio programador. Não por causa do conhecimento técnico, mas porque não sentia paixão em escrever linhas de código. Apesar disso eu tenho profunda admiração por desenvolvedores de sistemas, sobretudo por serem precursores de centenas de aplicativos que surgiram para facilitar nossa vida. Eu quase desisti da faculdade por causa disso!

Então, se você está passando ou já passou por algum tipo de frustração nesse aspecto, saiba que a fase na qual escolhemos o plano A é a mesma fase na qual você acha que gosta de algumas coisas para o resto da vida. Do mesmo jeito que ninguém na sua família bota fé na sua paixão pela namoradinha aos 17 anos — se você quiser casar, vão tentar fazê-lo desistir, afinal essa paixão parece pouco confiável nesse período da vida —, outras questões deveriam ser vistas com a mesma desconfiança.

Se você ama Biologia, não significa que será o mesmo na faculdade e com 20 anos pode estar muito frustrado. Se ama escrever, vai para Jornalismo e no primeiro estágio pode perceber que odeia aquilo, mas não tem os recursos emocionais para investigar o que realmente ama (pode ser vendas, ou finanças, algo com o qual não consegue ter contato durante a adolescência). Na adolescência você escolhe a carreira pensando primariamente na grade escolar, e isso é muito limitado diante do mercado de trabalho (ainda mais porque em nosso ensino médio não temos uma grade escolar profissional, a não ser que você faça um colégio técnico e já tenha testado suas inclinações para determinadas áreas profissionais, mas ainda assim não é regra).

Além disso, todo o processo de escolha de caminhos profissionais na nossa sociedade é focado em medo e em evitar erros. O comando mental "evitar erros" não é o mesmo que "buscar o acerto", pense bem. Vou evitar erros procurando as profissões que mais empregam em 2016, mas, na verdade, só vou para o mercado em 2020.

De fato, você vai passar o tempo todo se perguntando por que não escolheu um caminho diferente, outra faculdade, outro curso, outro emprego. E sente-se cada dia mais inspirado pelas histórias de gente que largou tudo e foi viajar, largou tudo e empreendeu, mas não consegue sequer começar a pensar nisso. E se der tudo errado? As estatísticas de negócios que fecham já no primeiro ano de funcionamento são imensas. Demora muito para ganhar dinheiro, e parece que, na verdade, você já precisa ter dinheiro para fazer dinheiro. Ou seja, não é algo para você, que ainda sofre para terminar o mês, não tem contatos poderosos ou familiares ricos.

E ainda precisamos pensar que começar um negócio traz todo tipo de dúvida. É só entrar no site do Sebrae para entender o que estou falando. *Business plan*, canvas, modelos de estratégia, e você fica cada vez mais perdido. Vem aquela sensação de que se alguém lhe dissesse "vá por ali que vai dar certo" você iria, para onde o levasse longe da incerteza.

Para você ter ideia, eu tenho um programa de mentoria no qual seleciono semestralmente algumas pessoas para desenvolverem seus negócios.[2] No entanto, muitos dos que me procuram falam claramente que não sabem por onde começar, o que gera ansiedade, pânico, e, por fim, a desistência de empreender seguida de mais um dia de trabalho em uma carreira que não é para ele.

---

2 Acesse www.rafaprado.com.br/mentoria para conhecer.

Essas pessoas nem passam na entrevista de aplicação para fazer parte do grupo. Por mais que eu queira ajudá-las, elas ainda não estão no momento certo para seguir em frente com seu projeto de ruptura. Contudo, ao mesmo tempo, como chegaram até mim, então quer dizer que identificaram que algo incomoda, que existe uma vontade de finalmente enfrentar esse **sistema** e sair da Matrix. Quando são recusados, alguns ficam tão preocupados com isso, que começam a gerar uma energia muito poderosa de competitividade e autoprovação.

Eu chamo isso de indignação positiva, ou seja, quando você tem um objetivo positivo e não aceita o resultado apresentado (pois falhou, errou, enfim) e vai trabalhar para provar que aquilo não diz quem você é, mas sim foi um reflexo de como você estava. A recusa muitas vezes é importante para que finalmente encontremos forças para nos superarmos e percebermos que nem sempre as coisas vão acontecer conforme queremos ou prevemos. Nesse caso, tentaremos provar para nós mesmos que na próxima vez estaremos preparados. E nesse processo faremos o que não faríamos, caso não tivéssemos tomado um primeiro tropeço.

Imagine um vestibular, às vezes você presta um curso como Engenharia, Administração, Direito ou Medicina e não passa. No entanto, você quer muito, então estuda mais e mais, e talvez passe apenas na terceira tentativa. Você se preparou, tornou-se melhor do que era antes pelo menos nas competências necessárias para ser aprovado naquele vestibular. É isso que acontece com a indignação positiva e com essas pessoas que muitas vezes recebem um não, mas estão quase prontas para esses novos desafios.

O que congela os sonhos e os desejos das pessoas em geral é a falta de conhecimento sobre si mesmo e a falta de indignação positiva, que pode ser automotivada ou extramotivada.

Se automotivada, significa que você mesmo consegue produzir essa energia independentemente de fatores externos. Já quando é extramotivada, significa que algum fator externo provocou em você essa reação.

Eu particularmente sou bastante competitivo, o que significa que tenho propensão a receber estímulos extramotivacionais caso esteja competindo com alguém. No entanto, caso a competição seja contra mim mesmo, diante de alguma meta ou objetivo em que já tenha falhado, estaríamos tratando de indignação positiva automotivada.

Quando você depende de estímulos externos ou compete com outras pessoas colocando alguém como a referência, seu limite é o tamanho daquela pessoa, o que muitas vezes pode limitá-lo. Além disso, após atingir o topo, "que no caso é esse alguém externo", você vai procurar outra pessoa com quem competir, num ciclo sem fim. Lutar contra si mesmo é muito mais difícil, mas ao mesmo tempo muito mais poderoso. Tem uma frase do Walt Disney que diz que você é do tamanho de seus sonhos e eu acredito muito nisso. Olhar para o mercado e saber para onde ele está caminhando é diferente de escolher uma empresa ou uma pessoa e focar em apenas superá-la.

Por muito tempo eu não conseguia entender isso, e sempre entrava em competição com o mundo externo. Por muito tempo isso me ajudou a crescer sim, não vou mentir, mas este é um valioso conselho que recebi de pessoas muito bem-sucedidas (algumas delas multimilionárias e até bilionárias): a verdadeira batalha é contra si mesmo, todos os dias.

Hoje eu entendo que se preocupar em "não errar" ou "não passar vergonha" tem a ver com retrair, e não com expandir. Quanto sacrificamos em nome de nossa imagem? Todo esse medo existe porque você não acha possível cumprir a expectativa? Por que considera improvável? Eu chamo muitos cases de sucesso de "jornada do improvável", como foi comigo. Em algum momento o improvável vai mudar de modelo mental para atingir o sucesso, você só se torna um "improvável que aconteceu" quando o medo vai embora.

Fé inabalável

O remédio para o medo crônico está na fé inabalável, que é algo de você para você mesmo. Como vimos no capítulo anterior, a mulher do Stephen King, Thabitha, tinha uma fé inabalável no talento e na capacidade do marido, e isso fez com que ela não desistisse de continuar buscando um meio para que ele fosse publicado – mesmo depois que o próprio King desistiu.

Então o meu conselho é: feche-se para o mundo externo e comece a acreditar um pouco mais em você. E acreditar em você não é acreditar na "vozinha" que mora na sua cabeça, julgando o tempo todo e calculando todos os riscos que você corre (ou acha que corre). Isso não é você, porque essa voz, apesar de estar aí dentro, é uma influência externa. Ela só vai mudar quando você programar sua cabeça para onde ela precisa ir.

Saiba que, ao longo de sua infância, adolescência e até a idade adulta ensinaram essa voz a pensar assim, e o que quero é dar a você a certeza e a tranquilidade sobre o seguinte: você pode se ensinar a pensar de outro jeito. A programação primordial de todos nós é o recado que vem desde a infância: "Não faz isso que é muito arriscado", ora de nossos pais, ora de nossos tios ou até de irmãos mais velhos. Tudo aquilo que nossos cuidadores nos diziam a respeito de tomarmos cuidado para cairmos menos, nos machucarmos menos, enfim, para que aprendêssemos a cuidar de nossa sobrevivência.

Assim, essa voz do passado, que, sim, ajudou na infância e talvez na adolescência, hoje já não o protege mais, e sim o limita!

O que vou falar agora pode parecer loucura, mas é uma das questões mais importantes que você vai aprender neste livro. Essa voz é chamada de *diálogo interno* e todas as pessoas a tem. Não sei se você percebeu, mas disse um pouco antes que **você não é essa voz.** Você está além de seus pensamentos e suas vozes internas. Você é a consciência por trás dessas vozes, capaz de escolher seguir ou não o que elas lhe falam para fazer ou deixar de fazer.

E agora vou lhe ensinar algo que grandes mestres ensinaram aos seus discípulos para que possa assumir o controle de seus diálogos internos de maneira consciente. Toda vez que ouvir essa voz falando qualquer coisa negativa, respire fundo, agradeça o aviso mentalmente dizendo algo positivo e continue o que estava fazendo. Simples assim:

Voz: "Melhor não entrar neste avião..."
Você: "Obrigado pelo aviso, mas estarei em segurança durante todo o voo."

O fato é que esse aviso não veio da intuição, do sexto sentido, nada disso. Ele está ligado ao seu cérebro reptiliano, que o ajuda a se manter em um modo de sobrevivência que previne qualquer risco (inclusive medos inconscientes que você possa ter). A voz vai mudar de acordo com seu ambiente primário. Por exemplo, quem já nasce com mais recursos financeiros tem menos medo e desenvolveu outra voz se comparado com quem foi uma criança pobre. Por isso digo que essa voz não é você, ela é seu cérebro reptiliano querendo falar com você. Toda vez que tentar preveni-lo de risco, agradeça, mas também avalie. À medida que provar coisas positivas e contrárias para ela seguindo esse processo simples de agradecimento e programação positiva, mudará os estímulos que recebe e mostrará ao cérebro reptiliano que existem outras possibilidades na sua vida. O que é impossível para a voz, será possível para você.

E aqui vai um puxão de orelha antes que você pense "a culpa é dos meus pais, avós etc. Eu sabia...". Não culpe as pessoas pela sua programação mental, mas a si mesmo se não mudá-la! Antes você não conhecia os fatos que lhe contei, mas agora não deve dar desculpas para si mesmo ou terceirizar a culpa, e lhe digo isso com todo carinho e preocupação que possa ter por você. O sucesso nunca acontecerá se estiver preso ao passado. Olhe para o futuro daqui para a frente, com consciência dos fatos para que não se repitam (e algumas vezes para que você não repita esses mesmos paradigmas com a geração de seus filhos).

A mentalidade certa

Até os 23 anos eu tinha esta exata mentalidade: luta pela sobrevivência, medo do desconhecido, necessidade de ganhar dinheiro. Eu ainda não sabia que era capaz de criar dinheiro. Acordar um dia e pensar em algo que me fizesse ganhar o dinheiro de que eu precisava ou com que sonhava para aquele negócio, e efetivamente ver esse dinheiro entrar na minha conta no final da empreitada. Não faz tanto tempo assim, e me lembro muito bem de como tudo mudou. A minha jornada do guerreiro começou no meu momento de maior dificuldade, quando na primeira tentativa de empreender eu quebrei, como contei a você no capítulo 1.

O que vou lhe contar agora é parte de minha história que nunca contei publicamente. Estou abrindo minha intimidade, pois quero ser o mais franco possível sem deixar passar nenhuma etapa de minha vida que possa eventualmente inspirá-lo e/ou ajudá-lo a alcançar o ponto de ebulição. Pois bem, após a morte de meu pai, passei meses sem encostar em outro ser humano. Era estranho, mas no ápice de minha depressão eu não sentia vontade de sair com outras garotas pois não queria me apegar a mais ninguém, afinal, tinha associado que o apego só traz sofrimento.

Depois que entrei no banco e comecei a me restabelecer financeiramente, perambulando pela internet, deparei com um "workshop vip de sedução" que ajudava homens "encalhados" a "se darem bem" na balada. E, sim, comprei o curso (o pacote incluía uma aula vivencial de três dias – eu treinaria sedução em campo! Na baladinha!). Calma, não dê risada, prometo que essa história já vai fazer sentido (não passaria vergonha à toa!).

Pois bem, no entanto, nesse curso o instrutor se tornou um grande amigo. O nome dele é Eduardo Junqueira, um grande especialista em marketing que na época trabalhava na área de e-commerce de uma grande rede de varejo, mas estava conectado a um tal de mercado digital focado na produção de conteúdos.

A palavra da vez era "infoprodutos", ou seja, produtos digitais baseados na venda de informações. Achei interessante, marcamos algumas reuniões e, nesse meio-tempo, como eu estava com meu *mindset* orientado para renda extra, decidimos criar o projeto de um e-book chamado *Criando prosperidade – o guia para sua liberdade financeira*, que retratava o que eu havia aprendido sobre como limpar o nome no SPC, oxigenar a vida financeira após uma grande crise, e aspectos emocionais sobre dinheiro e mentalidade.

Criamos uma página simples de vendas, um vídeo e começamos a gerar tráfego para o site. Para minha maior surpresa, deu certo! Vendeu! Cada e-book custava 67 reais e recebíamos 90% do valor por uma plataforma nova no mercado especializada em infoprodutos, a Hotmart (mais adiante vou detalhar este case para você). Confesso que a primeira venda me deixou impressionado, aquilo realmente funcionava e, pelo que tinha percebido, em 2012 aquele mercado ainda era virgem.

O único problema é que o título do meu e-book *Criando prosperidade* era o mesmo nome de um livro do Deepak Chopra e não sabíamos disso. No terceiro mês de vendas o escritório que o representa no Brasil entrou em contato conosco e, como não tínhamos o registro da marca, nos deu três dias para que tirássemos o e-book do ar. Foi um episódio muito chato! O Edu viajou para a Europa e cancelamos o projeto.

Apesar dos contratempos, esse caso me motivou a me aprofundar mais naquele mercado, foi quando comecei a fazer cursos e a participar de eventos. Para mim, uma coisa era clara: quando você tem uma fonte única de renda, torna-se refém dela, e ao perdê-la fica sem chão. Pense em toda a sua insatisfação (e de 72% dos brasileiros) com o trabalho. Você acredita que essa insatisfação existiria na mesma intensidade se tivesse outras formas de se sustentar neste momento? Aposto que ficaria até mais fácil aguentar o chefe. Claro, como tudo na vida, é preciso ter bom senso. Em dado momento eu tinha tantas fontes de renda, que precisei cortar algumas que tomavam mais tempo do que geravam dinheiro — mas esta é história para o próximo capítulo. De qualquer forma, trabalhar com produtos digitais, mesmo que eu tivesse tido aquele problema na primeira tentativa, me parecia algo muito atrativo para gerar renda extra.

Então, eu me envolvi em alguns outros projetos, comecei a trabalhar como afiliado (modalidade em que você revende produtos de terceiros e ganha comissão), e dava aulas no período noturno. Na mesma medida, minha insatisfação em trabalhar no banco aumentava. Nesse período eu tinha um salário anual de aproximadamente 100 mil reais ao ano somando a distribuição de lucros e outros bônus. Nada mal, porém no mercado paralelo eu estava ganhando quase o mesmo trabalhando menos da metade do tempo!

Como última tentativa de permanecer no banco solicitei transferência interna para a área de inovação. Fiz entrevista com o gerente da área, Erick Moutinho, e então veio minha surpresa. Com aproximadamente dez minutos de entrevista (após contar algumas coisas que eu fazia, inclusive fora do banco) ele me diz: "Rafa, seu lugar não é aqui no banco. Você tem que empreender!". Foi um misto de alegria e surpresa ao mesmo tempo com tamanha sinceridade. Ficamos mais dez a quinze minutos conversando sobre tudo, menos a respeito daquela vaga. Dois meses depois daquela entrevista eu sairia do banco.

O gerente de inovação, Erick, se tornou meu amigo e inclusive já fizemos negócios juntos! Ele havia sido mais um daqueles anjos-mentores que Deus nos envia quando precisamos. Sou profundamente agradecido àquela entrevista, pois, como falei, algo que me incomodava muito era perceber que, como minha faixa salarial era alta, eu demoraria em torno de cinco anos para me tornar coordenador e aproximadamente sete a oito anos para me tornar gerente. O tempo não valeria a pena em relação ao retorno financeiro. Além disso, com o aumento de minha responsabilidade no banco, aquele período de nove a dez horas que já trabalhava diariamente se tornariam doze a catorze horas (como era comum na rotina de meus líderes).

Eu admiro a persistência e disciplina deles, mas sabia que aquilo não era para mim. Não em relação a trabalhar doze a catorze horas por dia (pois isso eu faço inclusive com certa frequência até hoje), mas com uma grande diferença: hoje eu mal separo vida pessoal de profissional. Sou apaixonado pelo que faço e durante o trabalho sempre estou construindo algo para mim. Meu sucesso depende única e exclusivamente do meu empenho em relação a você, que lê este livro, e em relação a minha empresa.

No entanto, depois dessa etapa, comecei a crescer no empreendedorismo e em 2014 fui chamado para dar entrevista em uma webtv que tinha estúdio na avenida Paulista. Ao olhar o *casting* de programas, vi que ali havia algumas celebridades de pequeno porte, mas com grande audiência nas mídias sociais. Então, tive um estalo! Com o dinheiro da rescisão, as dívidas 100% quitadas e ainda com o fluxo de caixa do mundo digital, não pensei duas vezes. Chamei o dono para conversar, e ao final fiz uma proposta de compra. Ele me vendeu 30% do negócio por 85 mil reais na época. Nessa hora visualizei que ali eu poderia criar uma oportunidade inédita no mercado de produtos digitais.

E, honestamente, já tinha dado tanta coisa errado na minha vida que nada mais me assustava, esses 85 mil reais poderiam ser o investimento da virada. Ou eu arriscava tudo o que tinha e crescia, ou arriscava tudo e crescia. O único caminho era para cima. Eu já estava há um tempo no mercado digital, mas não aparecia. Por um bom tempo preferi ser "invisível" a ser julgado como um "novo *player* iniciante". Na minha mente, eu só apareceria para os "veteranos" do mercado quando tivesse algo relevante para ser mostrado e chegar ao topo do mercado.

Ali, eu vi a oportunidade: posso ser o primeiro empresário digital de celebridades. Ao comprar parte da webtv comprei acesso ao nicho de celebridades. Foi uma ideia genial, e finalmente eu tive uma! Eu já trabalhava como afiliado (alguém que revende os produtos com comissão), e passava boa parte do dia pensando em como eu poderia aumentar a lista de contatos e de e-mails e seguidores para conseguir mais vendas. Quando coloquei os olhos naquelas celebridades pensei: elas já possuem público cativo e fiel. Assim comecei a trazer o nicho de especialistas para o marketing digital e passei a me apresentar como o cara que lançava celebridades naquele meio.

Naquele ano, criei meu primeiro lançamento com uma celebridade no mercado de fitness, Solange Frazão. Logo em seguida, foi a vez do best-seller Roberto Shinyashiki, que naquele momento fez o maior evento de formação de palestrantes da história!

Aquilo iniciou um novo momento no mercado digital brasileiro. Um momento em que os players perceberam que era possível produzir especialistas.

Diversas pessoas vieram me procurar, pedir dicas, entender como funcionavam os contratos e continuei crescendo.

Naquele ano participei de meu primeiro evento de marketing digital, Segredos da Audiência, ministrado por um cara fantástico que se tornou meu amigo, Samuel Pereira. E, no ano seguinte, já estava ajudando esse meu amigo a levar algumas celebridades para o evento, como o próprio Roberto Shinyashiki e Issao Imamura (conhecido como o maior ilusionista do Brasil).

O jogo tinha mudado. E nesse momento dei ainda mais valor a uma frase que repito diversas vezes em palestras: é muito mais caro deixar de pagar para estar em um grupo de influência do que pagar o necessário para fazer parte de um. A compra da webtv foi esse tipo de compra. Confesso que às vezes fico assustado com as "coincidências da vida", pois eu não teria entrado nesse mercado se não tivesse rompido um relacionamento e tempos mais tarde buscado um workshop de sedução. Tampouco teria chegado à webtv se não tivesse investido quase 20 mil reais para fazer minha formação de master coach.[3]

Naquela época tudo era bem novo para mim, mas foi quando eu entrei em campo para valer que entendi que os tais infoprodutos vinham para resolver nossos problemas pontuais com base em soluções que provinham da experiência de causa de outras pessoas — algo que jamais seria ouvido numa aula de faculdade, ou em um clássico ensino a distância (EAD).

Nessa época, nos Estados Unidos havia jovens de 18 a 20 anos faturando milhões com fórmulas para conquistar garotas via Messenger. Ou ainda para secar a barriga com dietas e treinos capazes de queimar gordura enquanto dormia. E até com dicas de como operar no mercado financeiro com "robôs" (softwares) que fazem a operação para você. Sim, tenha certeza de que tem muitos infolixos mercado afora, mas o mais incrível é que existem muitos produtos sérios, de especialistas renomados, e até de desconhecidos.

E eu jamais imaginaria que me tornaria um dos principais *players* do mercado no Brasil (e quem sabe no mundo), afinal estou levando minha empresa para os Estados Unidos e a Europa. Nunca imaginei que geraria aproximadamente 21 milhões de reais em vendas pela internet ao longo dos anos de 2014

---

[3] Master Coach é o último nível de certificação profissional em coaching - que é um processo de desenvolvimento pessoal com objetivo de aumentar a performance de pessoas, times e empresas utilizando ferramentas e técnicas capazes de provocar insights e tomadas de decisão.

e 2015 dentro de minha empresa e das empresas que me tornei sócio. Completamente improvável para um menino de classe média-baixa que acreditava que sua melhor opção de vida fosse se tornar professor acadêmico, uma profissão muito bonita, mas que oferecia uma remuneração muito abaixo do que eu gero hoje. No entanto, sei que você pode fazer o mesmo utilizando o **sistema** de forma correta.

Ao mudar sua mentalidade (*mindset*) você atinge o ponto de ebulição. É o pequeno detalhe: o grau de quem cria dinheiro e não ganha. Depois disso eu passei a dar vários tiros de oportunidade, para muitos eu nem tinha dinheiro no momento, mas criei o dinheiro quando precisei (criação de dinheiro é um dos elementos-chave do **sistema**, assunto sobre o qual falarei com mais detalhe ainda neste capítulo).

Eu havia criado a mentalidade certa e o medo não morava mais em mim, parece algo quase místico (e não é), mas a partir do momento que você não tem mais medo, começa a fazer negócio, as coisas passam a fluir e você tem cada vez mais engenhosidade para criar dinheiro. Hoje eu consigo pensar: "Vou criar esse produto para o fulano e ele vai me gerar X de valor" e acontece. Sem medo do fracasso. O que eu entendi e que talvez você precise entender é que, como funcionários, somos os capacitadores de ganhar dinheiro da empresa, mas, como empreendedores, podemos criar dinheiro ilimitado para nós mesmos, basta apenas gerar valor para as pessoas (audiência) certa.

O maior estalo veio quando fiz lançamentos grandes que ultrapassaram sete dígitos de faturamento em apenas sete dias de vendas. Em dado momento, eu via 100 mil reais ou 1 milhão de reais como apenas números. Não me sentia mais intimidado e todas as crenças negativas que eu tinha sobre dinheiro foram desaparecendo. Quebrei meu medo de ganhar ou de perder dinheiro, o pior já tinha acontecido – e o melhor estava apenas começando. Meu modelo mental havia mudado, foi como receber um *upgrade*!

Tomei gosto pelo negócio e meu nome começou a se espalhar no mercado. Não apenas no mercado digital, mas no mercado de empreendedorismo e outros mercados. Tornei-me referência na área de produção de celebridades e grandes nomes do setor empresarial, tais como Carlos Wizard Martins (megaempresário e bilionário), Mario Yamasaki (empreendedor serial e juiz do UFC), Alexandre Taleb (maior consultor de imagem masculina do Brasil), Issao Imamura (maior ilusionista da América Latina), Ricardo Bellino (ex-sócio de Donald Trump e fundador da Elite Models no Brasil), Pablo Paucar (maior mentor do marketing multinível na América Latina), além de produzir toda a campanha digital dos eventos do verdadeiro Lobo de Wallstreet, Jordan Belfort, e do best-seller internacional, T. Harv Eker, no Brasil – ambos, somados, ultrapassam 10 mil *tickets* vendidos em 2015.

Apesar das altas cifras, aprendi que riqueza não tem a ver com roupa, com carro, com grandes posses. Muitas vezes ter 1 milhão na conta não significa que você é rico. Riqueza é uma relação entre aquilo que você efetivamente poupa e aquilo que você gasta. Algumas pessoas, mesmo com 1 milhão de reais na conta, não conseguiriam custear seu padrão de vida pelos próximos trinta anos. Sem fonte contínua de renda, 1 milhão de reais acaba rápido e, sem entender isso, a maioria só sobrevive. Você quer sobreviver ou viver plenamente? Você quer ser quem continua congelado ou expandir? Para isso precisa sair do ponto "morno" para os 100 graus de ebulição.

O fato é que existe um mundo aí fora que faz com que você ganhe igual ou mais que o seu emprego atual, gastando menos tempo, sem passar nervoso nem pegar trânsito. No seu caso pode não ser marketing digital, mas com certeza existe alguma modalidade de negócio que rapidamente vai pagar o seu salário atual e você vai ficar alarmado quando perceber que ela nem vai exigir tanto sacrifício assim. Depois que descobrir isso, será um caminho sem volta, e, a partir do momento que você começar a investir no mundo lá fora utilizando o **sistema**, ele lhe retornará dez, quinze, vinte vezes o que você ganharia. Eu garanto que você vai mudar de patamar sem olhar para trás.

A seguir quero lhe passar uma das lógicas mais importantes do **sistema** e que será fundamental para que você finalmente possa alcançar o ponto de ebulição e a independência financeira. Preparado?

O poder de criar dinheiro

Pois bem, ao longo deste capítulo citei algumas vezes a expressão "criar dinheiro". O **sistema** é um modelo testado capaz de provocar em você o ponto de ebulição. Teremos um capítulo dedicado a um passo a passo de como você deverá aplicá-lo em sua vida.

No entanto, para seguirmos adiante, existe algo muito importante que precisamos trabalhar em conjunto e diz respeito a suas crenças em relação ao dinheiro.

A partir de agora, preciso de máxima atenção e peço que você abra a mente para novas ideias. O que vou lhe falar não fazia muito sentido para mim anos atrás, mas hoje compreendo e utilizo esse artifício.

O que você vai receber agora é uma espécie de **upgrade** em sua mentalidade. Isso porque o ponto da virada é mental acima de tudo.

Se você hoje está sem dinheiro, não ganha o que gostaria, está sem emprego ou sua empresa não está indo tão bem quando deveria, saiba de uma coisa: toda e qualquer situação financeira é uma condição temporária. Inclusive situações financeiras de abundância, se você não estiver preparado para a abundância! Isso explica por que muitas pessoas que ganham na loteria perdem tudo em poucos anos ou o velho dito popular "Dinheiro que vem fácil, desaparece fácil".

Meu objetivo aqui é ajudar você a fazer com que situações financeiras negativas sejam sempre condição temporária. Contudo, depois de revertê-la em situação financeira positiva, a transformaremos em condição permanente.

O fato é o seguinte: se tudo der errado em seu processo de transição, o que de pior poderia acontecer? Pois bem, ficar endividado e chateado? Quero lhe dizer que a única coisa que não leva alguém para a cadeia neste país é dívida (exceto se for dívida de pensão alimentícia). Pois saiba que existem milhares de pessoas falidas que continuam gastando milhões e têm capacidade de criar milhões mesmo devendo.

Não que este seja o mundo ideal, tampouco quero que esta seja sua situação, afinal a proposta deste livro é ajudá-lo a ter independência sem dor de cabeça! Apesar de tudo, essas pessoas entenderam algo que eu também não entendia: quando você está dentro do **sistema** trabalhando de carteira assinada, ganha dinheiro, mas, fora do **sistema**, quando você gera valor com base em suas habilidades, suas experiências e seus produtos, você *cria* dinheiro.

A partir de agora quero que seu vocabulário mude. Você não *ganha* dinheiro, você *cria* dinheiro! Dinheiro é uma energia que está livre no mundo. Você tem de se conectar a essa energia e definir se é um *ganhador* ou *criador* de dinheiro.

O *mindset* de *criação* é ativo, enquanto o *mindset* de *ganho* é passivo. Para assumir as rédeas de sua vida financeira e se conectar com a energia de abundância do *dinheiro*, seja um agente *ativo* de criação.

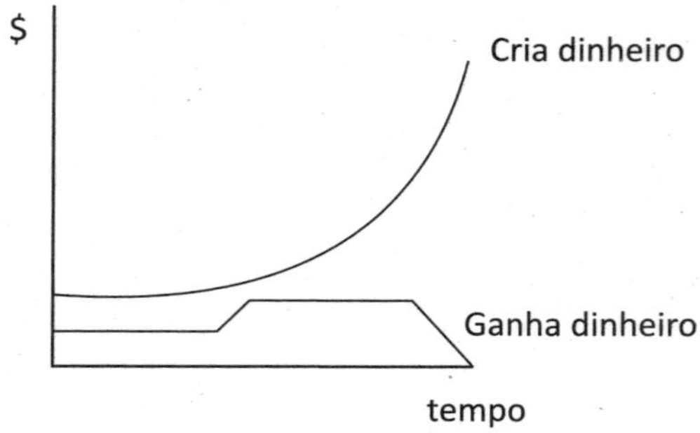

Tecnicamente, *ganhadores* de dinheiro estão mais propensos a duas situações:

1. acomodar-se com a faixa de renda por longos períodos;
2. ficar sem fonte nenhuma de renda por conta de crises ou problemas externos.

Os *ganhadores* de dinheiro geralmente trabalham com a mentalidade de escassez e suas fontes de ganho estão relacionadas aos pagamentos recebidos por um terceiro. Imagine que existe um pote, o qual recebe mil moedas mensalmente as quais deverão ser divididas entre dez pessoas. Isso significa que das mil moedas, cada pessoa poderá ganhar cem moedas, caso a divisão seja igual.

O problema é que, por mais que esse profissional se esforce, existe uma quantidade limitada de moedas para ser distribuída. Caso novas moedas não sejam colocadas no pote, nenhuma dessas pessoas poderá ganhar mais de cem moedas por mês. Se apenas nove novas moedas forem colocadas no pote, uma das pessoas ganhará cem enquanto as outras terão um pequeno aumento para 101 moedas mensais.

Se em algum dos meses o pote tiver 500 moedas ou nenhuma moeda, nenhum dos *ganhadores* receberá sua quantia justa mensal, sobretudo porque a fonte de ganho está centralizada em um único pote.

Nesse sentido, os ganhos financeiros de *ganhadores* tendem a ser lineares, com pequenos aumentos ao longo do tempo e no longo prazo com alto risco de zerar o fluxo de caixa ou se tornar expressivamente inferior aos ganhos mensais em caso de uma suposta aposentadoria.

Em contrapartida, quando tratamos dos *criadores*, imagine que começamos com um pote vazio. A quantidade de moedas que esse pote poderá ter será proporcional ao desejo e à ação do *criador*.

Os ganhos de um *criador* são limitados ao próprio criador, e podem ser exponencialmente maiores a cada novo ciclo.

Os *criadores* de dinheiro em geral trabalham com a mentalidade de abundância, e as fontes de ganho costumam estar relacionadas aos resultados e negócios por ele mesmo gerado a partir da modelização de seus produtos e serviços.

De qualquer forma, os *criadores* de dinheiro também podem passar pelo mesmo problema dos *ganhadores* no que diz respeito a *zerar* o fluxo de caixa em determinado período. Isso pode acontecer por dois motivos:

1. a renda gerada não é *residual*;
2. houve interrupção da renda *fixa*.

Renda residual é toda e qualquer renda recorrente futura recebida como fruto do esforço presente. Nesse caso existe recorrência de ganhos independentemente de atuação ativa futura para geração de renda.

Em compensação, temos renda fixa que diz respeito aos ganhos obtidos pela prestação de determinado serviço ou venda de determinado produto. Nesse caso, não existe recorrência, e uma eventual interrupção da renda fixa pode repercutir na quebra do fluxo de caixa caso não exista entrada de renda residual.

Criadores de dinheiro estão sempre preocupados com a geração de renda residual das mais variadas fontes, como recebimento de *royalties*, patentes, assinaturas, contratos de recorrência, comissionamento de vendas e/ou performance de equipes, investimentos etc.

Quando você soma recorrência de ganhos residuais com ganhos fixos pela venda de produtos ou serviços, cria um sistema financeiro de ganhos poderoso. O **sistema** prevê que você, diante de seu conjunto de competências técnicas e habilidades inatas, crie um modelo de ganho primário com base em renda residual e um modelo de ganho secundário com base em renda fixa. Eu sei que você quer chegar logo a essa parte, mas por hora o mais importante é entender que tem o poder de levantar todos os dias, olhar-se no espelho e dizer: "Hoje eu vou criar dinheiro". Isso porque ter sucesso é uma decisão! E, principalmente, criar dinheiro é uma decisão!

Quanto antes incorporar essa mentalidade em suas crenças, mais rápido romperá sua condição financeira negativa. A graça disso tudo é que você não precisa passar pelas dificuldades que eu passei para entender essa lógica. Abrace a ideia e deixe-me ser seu guia nesse processo de descoberta e ruptura, pois lá fora existe um mundo onde você pode *criar* dinheiro assim que decidir ter esse poder nas mãos.

Crie sua realidade!

Provavelmente você conhece (e deve ter viciado) no WhatsApp, o serviço de troca de mensagens que facilita a comunicação através da internet criado pelo ucraniano Jan Koum. Entretanto, aposto que você não sabe que Koum teve uma infância difícil e chegou a afirmar em entrevistas que nunca teve água quente em casa e sobreviveu com cupons de comida fornecidos pelo governo ao emigrar para os Estados Unidos aos 17 anos.

Filho de um mestre de obras e de uma dona de casa, ele emigrou para os Estados Unidos somente com a mãe, para fugir das tensões políticas da União Soviética na época. Deixou a faculdade antes de terminar o curso para poder trabalhar no Yahoo!, lugar onde conheceu seu sócio, Brian Acton. Os dois decidiram deixar a empresa e abrir um novo negócio, um serviço que não tivesse anúncios, ou jogos, ou seja, tudo aquilo que incomoda durante uma conversa.

Mesmo não vendendo anúncios, o WhatsApp vale muito, e foi vendido para o Facebook por 16 bilhões de dólares.

Koum jamais teria feito isso se tivesse terminado a faculdade, e mais, se não tivesse tido a coragem de pedir demissão de um emprego que era até bom, mas que não representava quem ele realmente era.

Você pode revender algo que já está pronto, prestar um serviço, fazer um produto, começar um bico. Você cria fontes de renda, e muitas vezes dá para fazer dinheiro sem comprar matéria-prima. Se você realmente tiver a necessidade de fazer dinheiro, a matéria é infinita e, em muitos casos, sua generalidade é a própria matéria-prima!

O que importa é que a sua necessidade de criar dinheiro seja maior do que o seu medo de fracasso.

Entenda que a sua situação financeira, mesmo se tudo der errado, não é tão grave quanto lhe dizem desde sempre.

Quebrar não é o fim do mundo, dever dinheiro também não. É temporário. O fracasso também é temporário.

Você pode quebrar diversas vezes e continuar tentando com consequências não tão graves. Contudo, pense que, por outro lado, basta você dar certo uma única vez para mudar de vida para sempre e a partir daí prosperar cada vez mais!

O caminho do abismo e do fracasso financeiro é recuperável, mutável, mas uma vez que você decifra o caminho do sucesso, terá todas as armas para se defender e jamais sair dele. Isso explica por que milionários quando quebram, passados alguns anos, conseguem se recuperar e voltar à riqueza.

E sempre lembre-se do meu tiro da vida: na hora em que estiver muito sem saída, pergunte-se se vale a pena desistir de viver. Você quer estar vivo? Esse foi o meu limite.

Acredite: sempre queremos estar vivos, sempre queremos viver para lutar mais um dia pela felicidade, pelos sonhos, pela superação de tudo o que parecia insuperável.

E será nesse momento que você vai subir de grau, pois fará uma coisa muito importante: tomar a responsabilidade pelo seu destino.

▼ Parabéns, você chegou ao final do capítulo 2 e poderá subir mais alguns graus rumo à ebulição.

Responda cada uma das questões a seguir para aquecer mais 10 graus e alcançar 20 graus rumo à ebulição.

1. Lembre-se de cinco momentos em que sentiu forte indignação positiva. Relate cada um deles desalmadamente em seu caderno. O estímulo recebido foi interno ou externo? O que passava pela sua cabeça naquele momento? O que você pode aproveitar dessa energia para realizações futuras?
2. Pergunte mentalmente para si mesmo e anote a primeira resposta (sim ou não) que sua voz interior responder:
    1. Eu mereço ter sucesso?
    2. Eu mereço ser rico?
    3. Eu mereço ser feliz?
    4. Eu mereço ter saúde?
    5. Eu mereço ganhar dinheiro trabalhando pouco?
    6. Eu mereço ser reconhecido?
    7. Eu mereço ter ótimos amigos?
    8. Eu mereço ter um negócio lucrativo?
    9. Eu mereço ser empresário?
    10. Eu mereço ser um criador de dinheiro?
3. Observe as respostas do exercício anterior e para todas as respostas negativas, questione por que você "não merece", pergunte também "quem não iria gostar se você fosse...", e anote as respostas em seu caderno.
4. Você acredita que ganhar muito dinheiro é "pecado" ou algo errado? Descreva o que você pensa a respeito.
5. Você tem medo de que as pessoas se afastem de você caso se torne um *criador* de dinheiro e fique rico? Descreva seu medo, que pessoas se afastariam de você e por que elas agiriam assim.
6. Pergunte pessoalmente a cada uma das pessoas que você "acha" que se afastariam de você caso ficasse rico se elas realmente o abandonariam por causa disso. Não deixe este exercício de lado, você deve ouvir a resposta delas. Por exemplo: "Fulano, se eu ficasse rico você se afastaria de mim?".

7. Pergunte a si mesmo: Eu tenho medo do fracasso? Escreva sua resposta e seu sentimento.
8. Pergunte a si mesmo: Eu tenho medo do sucesso? Escreva sua resposta e seu sentimento.
9. Escreva o seguinte texto em uma pequena folha de papel e guarde em sua carteira. Leia-o sempre que abrir a carteira. Não deixe passar mais de cinco minutos.

   Eu sou um *criador* de dinheiro e tenho o *poder* de multiplicá-lo mesmo nas horas mais difíceis. Minha carteira estará sempre cheia e sou *merecedor* de abundância financeira. Com *dinheiro* poderei ajudar muito mais pessoas e realizarei meus *sonhos* e *desejos*. Eu respeito as pessoas ricas, pois com elas aprendi a *multiplicar* meu dinheiro honestamente. Por isso, jamais estarei sozinho e apenas pessoas de bom coração se aproximarão de mim.

10. Crie uma frase de motivação sobre dinheiro que lhe dê segurança para enfrentar seus medos e negações mentais. Por exemplo: "Eu mereço me tornar um *criador* de dinheiro pois sou uma pessoa honesta e todos os meus amigos e entes queridos ficarão felizes com meu sucesso". Escreva sua frase e cole no espelho de seu banheiro. Leia essa frase todas as manhãs ao acordar e todas as noites antes de dormir. ■

3 CAPÍTULO

A NOVA ECONOMIA

No mundo existem aproximadamente 3,2 bilhões de internautas conectados, sendo que no Brasil ultrapassamos 95 milhões, o que equivale a 48% da população. Nos últimos anos o consumo via internet vem aumentando, e para você ter ideia o mercado de e-commerce brasileiro movimentou 41 bilhões de reais em 2015 segundo o WebShoppers, um dos relatórios mais respeitados do setor.

Agora, pasme... A cada minuto pelo menos 243 vendas são feitas pela internet aqui no Brasil. Isso significa que, desde que você iniciou este livro, mais de 14 mil vendas já foram feitas se você está lendo há uma hora, e por isso tenho uma pergunta para você. Algumas dessas vendas foram feitas por você ou por algum concorrente/empregador? O fato é que na nova economia, pessoas iguais a você começaram a faturar milhões de reais com a internet.

YouTube, blogs, sites de busca, e-commerce, enfim, uma série de estratégias que podem monetizar suas ideias e provocar o ponto de ebulição em seus negócios ou em sua vida particular. Sei que a vontade bateu, basta ficar comigo até o final deste capítulo para analisar alguns cases que vão abrir sua mente, além de tendências de mercado que serão fundamentais para você criar seu **sistema**.

No entanto, antes de falar mais sobre isso, quero apenas recordar que nos capítulos 1 e 2 você descobriu que a sociedade moderna impõe a você o tal Plano A, considerado um plano de estabilidade e sucesso pela maioria das pessoas. Ironicamente, porém, esse plano deixou milhares de pessoas desempregadas, afinal as crises e os problemas econômicos dos países desenvolvidos e subdesenvolvidos têm aumentado as taxas de desemprego fazendo com que o sistema atual sofra uma forte crise política, econômica e institucional. O Plano A não é mais seguro, então a busca por alternativas, ou seja, por um Plano B tornou-se eminente.

Entretanto, todo o sistema do ponto de ebulição só funciona por conta da ascensão de algo que chamamos de "nova economia", que, independentemente da crise, criou novas oportunidades de liberdade financeira e independência quando se trata de mercado produtivo.

O **sistema**, detalhado no capítulo 8, é um dos frutos dessa oportunidade em um mercado já existente, mas do qual você ainda não estava ciente.

Enquanto na Revolução Industrial a possibilidade de uma pessoa gerar renda com liberdade, privilegiando suas paixões e habilidades, era mínima, hoje existem oportunidades capazes de gerar acúmulo de capital fazendo aquilo que você ama. O contexto de liberdade para gerar dinheiro mudou e as pessoas têm mais autonomia para decidir que caminho seguir (apenas não sabem disso).

À medida que a liberdade aumenta, as pessoas se sentem mais seguras de fazer o que querem. A geração de nossos avós (os *baby boomers* pré-década de 1960) é marcada pelas guerras, escassez de recursos e profundas reformas estruturais e institucionais no âmbito dos países, o que explica a mentalidade dessa época orientada para a estabilidade e segurança. A época de nossos pais (a tal geração X do início da década de 1960 e final da década de 1970) é um período de transição com ditaduras e movimentos pró-liberdade, assim é uma geração com identidade difusa e que com profunda competição com a geração seguinte, compreendida entre o início da década de 1980 e os primeiros anos da década de 1990, a geração Y.

Com o final da Guerra Fria, sobretudo com a queda da URSS, o regime capitalista se expande e torna-se predominante no globo, exceto na China, em Cuba e na Coreia do Norte. A geração de nossos avós deixa, então, de ser mão de obra ativa após esse momento, e a geração de nossos pais e a geração Y predominam no mercado. Como o objetivo não é falar sobre gerações, quero ressaltar o seguinte: depois da década de 1990 o mundo entra num período de estabilização social e econômica, sobretudo com a implantação do que chamamos de "Estado de Bem-estar Social", cujo objetivo é garantir infraestrutura, educação, saúde, saneamento e segurança para a sociedade. No Brasil, instaura-se a democracia e vemos um período de mais liberdade, mais empregos e oportunidades.

Como você sabe, a nova economia se fortalece principalmente com o advento da internet em 1994, e a nova geração — a geração Z — nasce sob um contexto em que não se vê mais aquele medo do incerto, da escassez de recursos ou da necessidade de estabilidade. Eles sentem menos medo e menos fragilidade e não têm receio de mudar. São altamente competitivos e veem a possibilidade de construir mais grandeza do que os irmãos mais velhos, os pais e os avós viram, afinal no momento deles existiam profissões nas quais você cumpria a mesma função até se aposentar.

Se você é um integrante da geração Y, eu sei que não consegue fazer a mesma coisa para sempre, se entedia rapidamente, busca significado naquilo que faz em vez de executar ordens inquestionáveis. Eu também já senti isso, as coisas acontecem rápido demais e nos frustramos com a tal "estabilidade". Numa boa? Existe informação o suficiente para viajar o mundo dentro de casa, as oportunidades são mostradas para todos e, diferentemente da época dos *baby boomers* da geração X, não existe mais miopia informacional, o conhecimento agora tem uma dinâmica diferente, menos excludente.

O nível crítico da geração Y é muito elevado e a noção de valor para o mundo também. As pessoas dessa geração naturalmente entendem quanto de renda conseguem gerar para determinada organização, pois nascem com uma aguçada visão sistêmica do mundo e do que acontece dentro dele e das empresas. Hoje você consegue descobrir a média salarial do seu chefe com um clique, e a partir daí galgar esse patamar de vida, por exemplo. Pode, inclusive, buscar histórias de pessoas que enriqueceram a partir do nada e comprovar para si mesmo que é possível chegar lá. Nossos pais e avós sofreram muita censura. A liberdade de expressão aparece no pós-ditadura, na década de 1980 no Brasil, permitindo que as pessoas esbocem mais o que sentem, o que consideram errado, o que querem. Não se submetem tanto àquilo com que não concordam.

O sustento não precisa submeter ninguém a nada, porque existem múltiplas formas de se sustentar depois de entrar na nova economia. Com a maturidade da própria sociedade da informação isso se torna possível. A sociedade da informação gera a sociedade do conhecimento. A combinação das informações gera um sentido para as pessoas, faz com que elas criem em cima dos dados que recebem, gerando conhecimento. Esse cenário explica o surgimento de áreas como a de *business inteligence*, na qual é possível unir diversas formas de informação sobre algo para tomar uma decisão, e a de big data mais recentemente, que possibilita encontrar informações em tempo real (inclusive de redes sociais) para a tomada de decisão.

Essa análise nos faz crer que o discernimento crítico se torna uma característica fundamental da sociedade moderna. Passamos a decidir de forma individual nossos valores, ética, noções de certo e errado com base na imensa informação que consumimos e tiramos nossas conclusões acerca disso. Passamos a questionar o que é significante e o que não é significante em nosso modo de vida.

Hoje, muitas pessoas que não seriam ouvidas há vinte anos têm voz. Ganhamos voz dentro das organizações, e atualmente mesmo quem não tem poder pode de alguma forma ser ouvido. Temos o contexto da viralização; o viral é muito característico da época do conhecimento, ele proporciona a popularização de conteúdos muitas vezes não publicitários entre milhares de pessoas. Antes da sociedade do conhecimento nada viralizava, porque as pessoas comuns dificilmente tinham voz e palanque para falar em público.

Hoje o palanque é virtual. É possível conectar massas que antes não estavam conectadas. As redes sociais fazem com que as pessoas e suas bandeiras se encontrem de forma que jamais se encontrariam antes. Agora, geramos por dia o equivalente à informação gerada ao longo de cinquenta anos no passado e proporcionamos encontros entre pessoas que jamais se encontrariam para trocarem experiências.

Essa mudança altera nossa situação econômica, com modelos alternativos de ensino, aprendizagem, geração de valor no mercado de trabalho. Hoje, as pessoas vendem o que aprenderam ontem, vendem o senso crítico, vendem a própria vida pessoal.

Antes não existia um momento tecnológico avançado o suficiente para que você passasse a **monetizar a sua individualidade**, já a situação atual é parte de um processo evolutivo. Muita gente imaginava fazer coisas diferentes antes, mas não tinha poder de conexão, não tinha poder de mobilização ou agilidade para isso.

A informação não só mudou a forma de viver, como se tornou também o bem mais perecível desta era – por exemplo, o jornal é muito perecível, ele pode não valer mais duas horas depois.

Esse cenário trouxe para os nativos desta era (quem nasceu pós 1994) a mentalidade de já ter nascido conectado. A geração Z relaciona-se e aprende de forma completamente diferente da geração Y. Os nativos digitais nascem sabendo utilizar esse poder, manipular essas mídias para o proveito próprio, mesmo que de forma não intencional, como muitos YouTubers que se tornaram milionários. É tudo muito acessível, rápido e disponível. Com 14 anos já temos gênios trabalhando com programação e abrindo *startups*, e, aí, você vai dizer que eles precisam fazer faculdade? Muitas vezes aos 15 anos alguém já tem toda a informação de que precisa para se sustentar, empreender, ter o sucesso que deseja na vida.

Esta geração é o mercado produtivo do futuro (ou do presente, dependendo da época em que lê este livro). Em contrapartida, posso dizer também que a geração do *consumo* do futuro já nasceu, o que influencia a economia de diversas formas. Você, por exemplo, que é um *criador* de dinheiro, ou seja, cria suas soluções para o mercado da época de nossos avós ou para o mercado da época de nossos filhos? É importante você começar a refletir sobre isso.

Steve Jobs criava soluções para o futuro, pois, se criasse para o presente dele, no momento do lançamento já estariam obsoletas. De fato, você tem muito mais possiblidade de ascender socialmente e enriquecer hoje do que no passado, sobretudo quando começar a usar o **sistema**.

É muito mais fácil enriquecer hoje, pois temos muito mais caminhos disponíveis, existem mais empresas no país e um mercado consumidor abruptamente maior do que era na época de nossos pais.

E para você resta apenas uma pergunta: Está preparado para o século XXI? Está preparado para romper as barreiras que o impedem de enriquecer mesmo que hoje seja mais fácil que no passado? Onde você se encaixa nisso tudo, afinal?

A verdade é a seguinte, você que está dirigindo, está no metrô ou perto de alguma janela, se olhar para fora verá que existe um *outdoor* gigantesco ali com os dizeres: "Busca-se talentos", e outro *outdoor* na sequência em que se lê: "Cria-se milionários".

O mundo está sedento de soluções para os problemas das pessoas e do planeta, está sedento de deixar o sistema o mais rentável possível, o mais dinâmico e flexível para que as pessoas consigam viver bem. E quem aproveitar esse momento, ajudar essas pessoas e o planeta em si, ficará milionário.

O maior diferencial do sistema produtivo hoje é o potencial de modelização de sua individualidade e/ou genialidade.

Hoje você tem o direito e a possibilidade de mostrar para todo mundo que é bom em algo; tem o poder de criar coisas que antes não podia (ou que não seriam vistas).

Estamos na era em que não existe mais "gênio desconhecido", como o autor que poderia ser um sucesso mas ficou com o romance engavetado. Grandes best-sellers como *Cinquenta tons de cinza* (eu sei que você leu, não precisa negar, risos) começaram com autopublicação – assim, você pode se colocar à prova sem depender de ninguém, de mecenas, de empresa, e ver se existe ali um mercado para explorar.

Além disso, se precisar de dinheiro, há o *crowdfunding*; é só dar a cara a tapa pela sua ideia e pela sua individualidade e convencer as pessoas a financiarem você.

O diferencial desta era é a expressão da sua genialidade. Você só precisa descobri-la e torná-la pública; o mundo precisa mais de você do que imagina! Esta é a hora de mostrar quanto você é importante, quanto pode fazer pela sociedade em que nasceu e ao mesmo tempo ter retorno justo pelo seu apoio.

Hoje as pessoas têm "porta de saída" para a própria genialidade. Você tem alternativa, tem meios, tem habilidades para ser bem-sucedido, e quando alguém tenta convencê-lo de que não pode ser tão grandioso assim, é porque se perdeu no medo e no contexto de gerações passadas (dos pais e dos avós).

A nova economia facilita a individualidade, a livre expressão dos talentos. Não precisa desrespeitar o que eles faziam antes, mas hoje dá para fazer melhor, fazer de acordo com o presente, com as possibilidades que se abrem para quem acredita que é capaz de criar algo.

Neste momento talvez você se pergunte se tanta ênfase na individualidade não pode nos deixar egoístas e muito autocentrados, se não é melhor ser uma parte do todo do que algo único, para o bem coletivo. Aí está a grande sacada: se você não der a possibilidade de expressar sua individualidade não vai conseguir abrir o espaço para fazer um bem coletivo intenso.

Você busca o respeito da individualidade cooperativa, enxergar como o indivíduo contribui com o todo. A sua habilidade, o seu dom, deve servir a um objetivo final. Seu senso de significado pode gerar impacto para o mundo. Você tem de bancar sua individualidade para mostrar que pode fazer a diferença para o mundo!

A individualidade cooperativa de Garrett Camp e Travis Kalanick criou, em 2009, o Uber, que nasceu inicialmente como um serviço de transporte privado de luxo em São Francisco. No entanto, o tempo passou, a popularidade cresceu, e o aplicativo se tornou o maior serviço de "carona remunerada" do mundo. A visão disruptiva de seus fundadores criou um sistema de transporte de alta qualidade com baixo preço comparado aos sistemas de transporte privado tradicionais (como o táxi). E hoje o negócio vale 51 bilhões de dólares.

A individualidade cooperativa de Brian Chesky, Joe Gebbia e Nathan Blecharczyk criou, em 2008, o Airbnb, um serviço comunitário de hospedagem compartilhada que permite alugar quartos ou toda uma casa/apartamento por um período. A visão disruptiva de seus fundadores criou um sistema mundial de acomodação muitas vezes de menor valor quando comparado com redes hoteleiras. E hoje o negócio vale 20 bilhões de dólares.

A individualidade cooperativa de David Vélez criou o Nubank em 2013, um cartão de crédito controlado totalmente por um aplicativo livre de tarifas ou anuidades e sem vínculo com uma instituição bancária. E hoje o negócio vale 500 milhões de dólares.

O fato é que a individualidade cooperativa de diversas mentes brilhantes deu início ao *crowdfunding*, *crowdsoursing*, habitação compartilhada e a uberização (sim, este novo termo surgiu nos Estados Unidos para retratar a economia colaborativa).

E a nova economia não para por aí. No Brasil, Pedro Afonso Rezende, de 19 anos, com seu canal de YouTube (que hoje possui mais de 5 milhões de inscritos e 1,7 bilhão de visualizações) fatura por ano o equivalente a 1 milhão de reais com vídeos sobre games. No mesmo nicho está o maior YouTuber do mundo, o sueco Felix Kjellberg, conhecido na rede pelo codinome PewDiePie, que fatura 4 milhões de dólares por ano com um canal que conta com 42 milhões de inscritos e 11 bilhões de visualizações!

Samuel Pereira, por exemplo, tem um império com mais de cem sites, por onde já passaram mais de 30 milhões de usuários únicos (1/3 da internet brasileira). No entanto, antes do negócio dar certo, Samuel quase desistiu de empreender na internet, pois estava a oito meses sem faturar. No oitavo mês, porém, as coisas começaram a funcionar e hoje ele tem um negócio que fatura quantias de sete dígitos por ano com sua rede de portais e uma plataforma que ensina as pessoas a terem audiência em seus sites.

É possível dizer que esses canais têm, muitas vezes, mais audiência que programas televisivos já tiveram desde sua criação, sobretudo porque atraem público específico e engajado.

O mesmo aconteceu com o megaempresário Flávio Augusto. O improvável jovem criado na periferia do Rio de Janeiro, aos 23 anos fundou a própria empresa, a Wise Up, com o capital de 20 mil reais no cheque especial. Em 2013, a Wise Up foi comprada por um grande grupo brasileiro de educação por quase 1 bilhão de reais e recomprada pelo próprio Flávio em dezembro de 2015 por um terço do valor. Visionário e conectado com as tendências da nova economia, Flávio Augusto criou o MeuSucesso.com em 2014, tendo Sandro Magaldi como o experiente *head* da operação no Brasil. Muito mais do que isso, criou um movimento chamado Geração de Valor e vem transformando milhares de empreendedores Brasil a fora.

E essas ideias vêm tomando proporção maior a cada dia. Lideranças vêm surgindo e um movimento poderoso vem sendo criado. Em 2010, Bel Pesce (a menina do vale) inspirou milhares de jovens com sua história de superação e sucesso ao ser aprovada no MIT e criar a própria escola de empreendedorismo assim que voltou.

Alguns anos depois, no empreendedorismo digital outro fenômeno surgiu. Érico Rocha é seu nome, que depois de pedir demissão de um banco alemão onde ganhava aproximadamente 86 mil reais por mês, mas no qual não sentia prazer naquilo que fazia – tinha um sonho. O sonho de construir algo grande. Muitas pessoas não acreditaram, muitos o chamaram de louco ao pedir demissão – mas acontece que esse cara quebrou recordes de faturamento (5 milhões de reais em 24 horas), e gerou em 2015 pelo menos 40 novos milionários. Como ele mesmo diz, "Empreender transforma"!

Há também pessoas que vivem sua liberdade pelo mundo, faturando milhões sem a necessidade de um escritório, e algumas delas se intitulam Nômades Digitais. Amyr Klink já dizia:

> Um homem precisa viajar. Por sua conta, não por meio de histórias, imagens, livros ou TV. Precisa viajar por si, com seus olhos e pés, para entender o que é seu. Para um dia plantar as suas próprias árvores e dar-lhes valor. Conhecer o frio para desfrutar o calor. E o oposto. Sentir a distância e o desabrigo para estar bem sob o próprio teto. Um homem precisa viajar para lugares que não conhece para quebrar essa arrogância que nos faz ver o mundo como o imaginamos, e não simplesmente como é ou pode ser. Que nos faz professores e doutores do que não vimos, quando deveríamos ser alunos, e simplesmente ir ver.

Inspirado nisso, um jovem chamado Bruno Pinheiro, logo depois de se formar em publicidade (como a maioria dos jovens sonhadores), abriu uma agência de comunicação na cidade de Limeira. Apesar do sonho e dos esforços, o negócio não deu certo e ele retornou ao mercado tradicional para trabalhar em uma empresa especializada em ensino de informática e inglês. Naquela época a internet 2.0 começava a dar os primeiros passos. Você lembra do Orkut? Pois é, dominava as redes sociais do Brasil nos anos 2000 até ser engolido pelo Facebook.

Dessa época até 2012 Bruno dedicou seus estudos ao marketing e à internet, quando decidiu se mudar para a Europa para trabalhar no marketing digital de um dos principais *Customer Relationship Management* (CRM) mundiais. Apesar de ganhar bem na época, Bruno se sentia preso. Ele queria algo que pouquíssimas pessoas no mundo conquistaram: criar dinheiro vendendo conteúdo pela internet e viajando o mundo com a família. Será que seria possível? E deu certo! Em três anos Bruno visitou mais de trinta países e gravou vídeos no Marrocos, próximo ao deserto do Saara; na Capadócia, na Turquia; em Tromso, no norte da Noruega; na Tower Bridge, em Londres, e em muitos outros lugares. Bruno finalmente encontrou o estilo de vida com que sempre sonhara, e com suas aventuras e seus ensinamentos gerou mais de 3 milhões de reais, junto com sua esposa e a filha.

Agora, ciente de que isso tudo é possível, de que um desses caminhos pode se encaixar naquilo com que você sonha, um dos pontos mais importantes é sempre assumir o protagonismo da própria vida. Ser um *criador*, lembra? Sobretudo, pois para sua vida – e principalmente – para seu negócio, saiba que até os padrões de *liderança* mudaram! E vou falar sobre isso a seguir...

O segredo do sucesso para a próxima década

Pois bem, o segredo que ainda não lhe contaram tem tudo a ver com a necessidade de mostrar para o mundo sua individualidade cooperativa. Em um nível avançado, principalmente para as empresas (sobretudo quando você cria a sua), é preciso tornar sua individualidade a sua marca, aquela em que reside o valor para seu negócio. Deixe-me explicar: antes se falava que os líderes deveriam ser grandes líderes internos. Pense numa empresa e no seu líder máximo, o CEO. Antes era necessário ser um grande CEO, analítico, ótimo com números, rapido para tecer análises e lidar com decisões difíceis sem pestanejar. No entanto, agora, o grande diferencial é fazer o que Steve Jobs fez, não apenas liderar dentro da empresa, **mas agir como porta-voz e vender ideais para o mundo.** O futuro não é ser um líder interno, é ser um líder para o mundo que faz da sua marca a sua missão, e funde a sua personalidade com a da marca.

Os líderes públicos estão destinados a ter milhares de seguidores, e isso se reflete na empresa e no relacionamento que o cliente terá com ela. No carinho, na fidelidade ao que você oferece para ele consumir.

Tem algo que você precisa compreender que batizei de *níveis de conexão*.

Os níveis de conexão falam sobre a relação entre *pessoas*, *empresas* e *causas*.

Muitas vezes as pessoas gostam de marcas, mas ter amor (que é mais do que gostar) por um CNPJ parece plausível para você? Quando você se relaciona com uma marca, é uma relação comercial entre um CPF e um CNPJ. Em raros os casos haverá amor entre um CPF e um CNPJ, como acontece com os fãs da Apple (e note que, nesse caso, o amor pela Apple acontece sobretudo pois Steve Jobs era um grande líder de causa), mas em geral a relação predominante é de base comercial. Por isso, seu cérebro racional está sob controle na maior parte do tempo e as vendas nesse caso acontecem num nível intelectual.

Nos níveis de conexão entre CPF-CPF já é diferente. Pessoas se encantam por pessoas. Pessoas se apaixonam por pessoas, são fãs de seus trabalhos, o que oportuniza a existência de uma verdadeira relação emocional. Em contrapartida, estabelecer relação comercial com fãs proporciona um retorno infinitamente maior quando comparado com as relações comerciais entre pessoas e CNPJs. Seu cérebro emocional (límbico) está sob controle nesse tipo de relação.

Por fim, quando tratamos as *causas*, por exemplo ativismo social, luta pela proteção dos animais, da natureza, a relação CPF-CAUSA pode ter conexão em nível extremamente profundo, pois se conecta com suas crenças e seus valores. Nesse caso, você desencadeia reações em seu cérebro reptiliano, aquele responsável por comandar seus instintos. Por isso, há pessoas que não pensam duas vezes antes de fazer uma doação, sobretudo quando ligadas a fé, valores, crenças (frequentemente vindas de berço). As vendas, nesse caso, ocorrem num nível de instinto misturado com emoções. Para entender o nível de profundidade aqui, as pessoas, quando são tomadas por instinto e paixão (apego) podem fazer coisas grandiosas, como provocar a morte de alguém por ter sido contrariada diante de seu objeto de fé.

O segredo do setor empresarial nos próximos cinquenta anos será definido se as empresas entenderem e aplicarem o que vem a seguir.

Empresas que querem nascer hoje e ter um diferencial competitivo para se manter no topo no futuro devem ter um líder forte internamente, mas que **também** seja um *líder público* capaz de se conectar com seu mercado.

Os fatores fundamentais para que esse líder se conecte com as pessoas de seu mercado são dois:

1. habilidades interpessoais como carisma, empatia, domínio das palavras;
2. uma causa clara, demonstrando ser o representante máximo daquilo.

Fazer a empresa chegar a um patamar superior no mundo de hoje precisa *sim* de um líder carismático que lute por uma causa forte e inspire as pessoas a adorarem a empresa. Quando Flávio Augusto, criador da Wise Up e líder do MeuSucesso.com, começa a lutar pela geração de valor, as pessoas começam a gostar primeiramente dele, conectam-se/sensibilizam-se com sua causa (mudar o país pelo empreendedorismo), e, então, passam a gostar das empresas às quais ele está associado e naturalmente compram mais delas.

Você entende por que é tão poderoso utilizar pessoas públicas, com milhares de fãs em campanhas publicitárias? No entanto, aqui estamos falando de algo ainda mais profundo em nível de *causa* e criação de uma *personalidade pública corporativa*, assim como foi Steve Jobs.

Outro exemplo nacional é pensar na ascensão do Magazine Luiza, que se tornou ainda mais forte quando trouxe a Luiza, sua maior líder, para a cena pública lutando pelo empreendedorismo feminino (que ao meu ver poderia usar o poder da própria imagem muito mais do que já usa) de maneira estratégica, de forma que quanto mais pública ela se torna, mais se populariza sua causa, ou seja, mais retorno sua empresa tem.

Muitos dos executivos não perceberam isso ainda e estão perdendo dinheiro. O maior diferencial das empresas hoje não está na tecnologia que elas desenvolvem. Isso é o básico. Uma das premissas atualmente é ter o setor de pesquisa e desenvolvimento caso seja uma grande indústria, mas ter um líder público é, sim, diferencial e não é algo que qualquer faz. Quando um presidente, um dono, ou um CEO assume uma posição pública pela empresa, ele faz o público comprar algo maior.

O público ama esses líderes com uma causa muito definida que a colocam à disposição do mundo, como Richard Branson, da Virgin, ou o Elon Musk, da Tesla. Hoje as empresas têm medo disso por receio de vincular o próprio nome a uma pessoa, a um CEO que possa abandonar o barco, por isso o melhor é ver esse papel no dono — os progenitores precisam aparecer.

Quando pensamos na geração Z, vemos que eles já estão ascendendo como um forte mercado consumidor. Trata-se de uma geração que não é intimidada facilmente, por ser sedenta de informação. Além disso, como nasceram na era da informação, já não acreditam mais em publicidade. Aprenderam a pular as propagandas e as janelas pop-up e não prestam atenção em anúncios milionários. Estamos falando de uma geração disruptiva que não fala *sim* para qualquer coisa. Esse nível de criticidade já existe em países de primeiro mundo e aqui está se formando – por isso é para essa geração que precisamos nos preocupar em vender nossos produtos, nossas ideias, nossas habilidades. Trata-se de uma geração de pessoas com convicções fortes, e que lutam por isso. O que você pode oferecer para elas, afinal?

Pensando nisso, escolhi um case de sucesso que reflete a expressão desta era de informação e conhecimento em forma de *startup*. Essa *startup* foi responsável por possibilitar que YouTubers, bloggers, criadores de conteúdo digital, afiliados (pessoas que ganham comissão pela venda de produtos de terceiros) e inclusive criadores de eventos se conectassem e disponibilizassem seu conteúdo para quem tivesse interesse de comprá-lo ou promovê-lo. E estamos falando de um mercado multibilionário nos Estados Unidos e multimilionário aqui no Brasil, em amplo crescimento.

A mente que revolucionou o mercado de conteúdo digital no Brasil

João Pedro Resende decidiu que queria empreender no mundo digital, por isso escolheu o curso de graduação de computação. João veio de uma escola de games, segundo ele; sempre gostou da lógica de jogos de computador e RPGs de mesa, e durante a faculdade administrava um site de games com os amigos, controlando a parte de marketing. Com esse site teve experiências que instigaram ainda mais seu espírito empreendedor, conhecendo o sistema de afiliados a partir de parceiros do site no exterior.

Ao se formar em 2004, juntou-se com dois sócios para se lançar na área, abrindo a Mobworks, investindo em negócios para celular muito antes de isso se tornar uma moda. Eles pensaram em diversos aplicativos, mas o mercado ainda não estava pronto para esse tipo de produto. Não deu certo, e, depois de dois anos, a empresa fechou e ele foi para o mercado ser funcionário, chegando a gerente de projetos.

Mesmo com um primeiro fracasso, o espírito empreendedor de João era incansável. Ele discutia com amigos possibilidades em várias áreas, chegou a tentar fazer importação da China, projetos de TI, comércio, todos fracassaram. E por volta de 2010 começou a pensar no que seria depois o Hotmart.

A ideia surgiu de um livro digital sobre tráfego que ele queria vender, mas reparou que existiam centenas de barreiras para isso. Então, chamou novamente seu sócio Mateus Bicalho, e, apesar de já terem fracassado em diversas áreas, ele topou mais um desafio. Eis que é lançado o Hotmart, a plataforma que mudou o jeito de vender conteúdo pela internet, um e-commerce de produtos digitais que quebra as barreiras técnicas e de distribuição. Vendas automatizadas com segurança e rapidez e uma cultura de afiliados para que os criadores tivessem divulgação.

Ele afirma que em 2010 estava muito mais preparado para ter um negócio do que em 2004 com a Mobworks. Ao sair da faculdade, não tinha uma boa noção de negócio, e ele e os sócios terceirizaram partes importantes da empresa como o marketing e o comercial. Durante o período em que voltou para o mercado, Resende afirma que amadureceu, e, quando decidiu pedir demissão para se dedicar inteiramente ao Hotmart, a empresa gerava apenas 180 reais por mês, mas ele precisava dar o salto de fé em nome de seu negócio, dedicar-se e ter tempo para desenvolver a plataforma. Ao buscar investimento, o Hotmart passou por uma mudança de patamar ao conseguir um aporte de 300 mil reais e ser considerado uma empresa de 1 milhão de reais pelo Buscapé, decolando completamente.

Com o Hotmart ele fez um lançamento estruturado primeiro para grupos pequenos, depois para a versão beta, abrindo aos poucos. O mundo do marketing digital nunca mais foi o mesmo, porque agora era fácil produzir conteúdo e comercializá-lo para um público grande. Isso ajudou todos os envolvidos: os produtores conseguem vender o produto, os afiliados – que distribuem os links e divulgam os produtos – também conseguem criar dinheiro e assim se fez uma nova cultura de conteúdo digital. Hoje já são mais de 400 mil usuários e 30 mil produtos digitais cadastrados, porque alguns poucos anos na internet podem significar grandes mudanças. A insistência de João não apenas gerou riqueza para ele, mas para muita gente, e deu voz para a criatividade das pessoas.

Essa é a plataforma na qual criei meu primeiro produto anos atrás. Nunca imaginei que mais tarde iria para o Vale do Silício com o João Pedro, em uma viagem fantástica com diversos empreendedores.

Na verdade, tenho muita alegria de, em dado momento, ter contribuído para o desenvolvimento de uma das funcionalidades da ferramenta devido a uma necessidade de negócios por que eu estava passando.

Em 2015 eu realizaria dois grandes eventos internacionais no Brasil, para aproximadamente 10 mil pessoas. Não tínhamos um sistema de emissão de *tickets* que possibilitasse a venda feita por afiliados e a gestão automática das comissões.

Foi então que marquei uma reunião com o João Pedro em Belo Horizonte. Sempre muito aberto, ele já tinha entendido que o Hotmart não era apenas uma plataforma de conteúdo digital, mas, sim, uma plataforma de apoio à venda de conteúdo (off-line ou não). Um seminário, evento ou workshop era conteúdo, afinal.

Antes de nossa reunião eu já tinha levantado algumas plataformas especializadas em venda e emissão de *tickets* para eventos, mas nenhuma atendia as necessidades.

Foi quando nesse momento dei a seguinte ideia: "JP, e se o Hotmart tivesse uma funcionalidade para criação de eventos, com lotes e impressão de *tickets*? Isso seria excelente para o mercado, pois nenhuma plataforma hoje possui a inteligência de gestão de afiliados que vocês possuem".

Astuto e sempre muito atento aos detalhes, ele gostou da ideia, mas precisaria validar com a equipe se seria possível desenvolver aquelas funcionalidades no prazo necessário (o evento aconteceria dentro de quatro meses).

Para nossa sorte, a equipe do Hotmart deu sinal verde e desenvolveram a interface que possibilitaria a criação de eventos, emissão de e-*tickets* por lotes e o mais importante: possibilitando o uso de afiliados nas vendas!

O projeto levou aproximadamente quatro meses e fomos os clientes "beta" antes da abertura oficial para o público. Tudo correu muito bem e o projeto foi um grande sucesso. Ali nasceu uma nova funcionalidade que ajudaria milhares de produtores. Parabéns, João Pedro e toda equipe do Hotmart!

▼ Parabéns, mais uma etapa concluída! Responda cada uma das questões a seguir para aquecer mais 10 graus e alcançar 30 graus rumo à ebulição.

1. Relate em seu caderno como você se sente ao saber que existem jovens de 14 anos que criam 100 mil reais por mês com as oportunidades da nova economia.
2. Se você fosse definir o salário/*pro labore* ideal para você na nova economia, quanto seria em reais?3. Imagine que você começou a ter a renda ideal que definiu no exercício anterior. O que mudaria em sua vida? Enumere cada item.
4. Que ideias você tem que poderiam se tornar o novo "Uber" da nova economia e valer milhões de dólares? Liste suas dez melhores ideias.
5. Das dez ideias listadas, enumere as três melhores que podem gerar renda igual ou superior ao que você definiu no exercício 2.
6. Liste os elementos que comprovam que cada uma das três ideias tem chance de sucesso na nova economia.
7. Liste suas habilidades essenciais para o sucesso na execução dessas ideias.
8. Por qual *causa* você luta?
9. Como essa *causa* está relacionada (ou pode se relacionar) às ideias listadas no exercício 5?
10. Considerando que essas ideias são tão boas, o que o impediu até hoje de executá-las e atingir a liberdade que a nova economia pode proporcionar? ■

4 CAPÍTULO

O COMBUSTÍVEL PARA SUA EBULIÇÃO

Você finalmente começou a entrar na mentalidade necessária para alcançar o ponto de ebulição. Nos capítulos anteriores, descobriu um dos principais elementos do **sistema**, que é a **mentalidade certa** sobre a cultura do erro e, principalmente, sobre assumir a atitude protagonista de um criador de dinheiro. Além disso, viu que, se não virar a chave mental sobre ambos os aspectos, dificilmente vai conseguir aplicar o **sistema** em sua vida. Descobriu também que, na nova economia, uma série de profissões "não tradicionais" surgiram, por meio das quais jovens estão faturando milhares de reais com as novas tecnologias existentes "vendendo" suas ideias e seu conteúdo.

Neste capítulo você vai descobrir o que chamo de "combustível" para o **sistema**. Aquele detalhe fundamental que, se "tomar posse" e usar seu potencial, sozinho, já seria suficiente para seu ponto de ebulição. Tem ideia do que possa ser? Pois bem, estou falando de seus talentos naturais, habilidades inatas ou "dons" (como queira chamar) que somente você possui!

Mais simples do que imaginava? Pois é... nunca disse que seria algo complexo. No entanto, saiba que dentro de você estão todas as ferramentas de que precisa para se destacar na multidão.

Um dos motivos para eu escrever este livro é dizer que acredito que todas as pessoas são gênios em potencial, mas, na maioria das vezes, sua genialidade é subaproveitada, ora por você ora pelas pessoas ao redor que não conseguem compreender seu verdadeiro potencial, como professores, chefes e até entes queridos.

Talvez você pense que estou querendo bancar o "*nice guy*", mas o fato é que acredito no ditado: Todo mundo é um gênio. Se, porém, você julgar um peixe por sua capacidade de subir em uma árvore, ele vai gastar toda a vida acreditando que é estúpido.

O significado disso é muito simples: o peixe é um exímio nadador, porém um péssimo escalador de árvores. Ou seja, sua genialidade está naquilo que você consegue fazer melhor que as outras pessoas e, sim, você faz determinadas coisas muito melhor que outras pessoas.

Existem dois conceitos aqui, a teoria da equivalência e a adaptabilidade. A teoria da equivalência diz que um cego, por exemplo, como não enxerga, vai desenvolver mais outros sentidos, por exemplo, a audição ou o tato, gerando compensação em relação ao sentido perdido. Já a adaptabilidade diz que, de acordo com o ambiente em que você nasce e em que convive e com os problemas que resolve, habilidades específicas para seu habitat serão desenvolvidas no intuito de aumentar seu grau de sobrevivência. Isso mesmo, sobrevivência!

Esses dois conceitos somados ao fato de que a constituição genética de cada pessoa tem nuances originadoras de habilidades inatas explicam de onde vem sua genialidade.

O psicólogo Howard Gardner, por sua vez, investigou na década de 1980 o que foi batizado de teoria das inteligências múltiplas, publicado originalmente no livro *Inteligências múltiplas – a teoria na prática*. Segundo Gardner, cada indivíduo possui oito tipos de inteligência que, juntas, colaboram na formação da sua personalidade, influenciando os pontos fortes e fracos de cada um. Assim, uma pessoa pode ter maior facilidade com algumas ações ou conteúdos do que com outros.

Quando li seu estudo achei bastante interessante pois ele aborda inteligências simplesmente esquecidas no ensino brasileiro, o que significa que muitas vezes nem sequer temos oportunidade de descobrir nossas reais aptidões, pois nunca foram colocadas à prova. A seguir estão as oito inteligências descritas por Gardner:

- **Inteligência espacial** – Capacidade de visualizar, compreender e construir figuras mentalmente tendo como referência apenas um olhar. Presente em arquitetos e engenheiros, por exemplo.
- **Inteligência corporal** – Domínio do corpo para produzir algo ou até resolver problemas. Presente em atletas, dançarinos e atores, por exemplo.
- **Inteligência musical** – Sensibilidade em relação a notas e timbres, e habilidade de criar novas músicas e padrões musicais. Está presente, por exemplo, em cantores e compositores.
- **Inteligência linguística** – Capacidade de aprender idiomas, dominar palavras, escrever e falar com precisão. Presente em palestrantes, escritores, poetas, por exemplo.
- **Inteligência lógico-matemática** – Capacidade de utilizar fórmulas e criar raciocínios lógicos muitas vezes utilizando números. Presente em matemáticos, físicos e cientistas, por exemplo.
- **Inteligência interpessoal** – Capacidade de uma pessoa se conectar com outras, empatia. Presente em professores e líderes políticos, por exemplo.
- **Inteligência intrapessoal** – Capacidade de resolver problemas e de conhecer e entender a si mesmo. Presente em psicoterapeutas, por exemplo.
- **Inteligência naturalista** – Capacidade de se conectar e analisar a natureza como plantas, animais etc. Presente em biólogos e veterinários, por exemplo.

Em sua teoria, Gardner questiona se o sistema educacional contemporâneo atende às necessidades de cada criança ou é falho, visto que é generalista enquanto cada um possui as próprias facilidades e dificuldades, o que desmistifica aquela velha frase "fulano não sabe matemática, é burro". As pessoas não precisam saber de tudo para ser inteligentes (ao contrário do que a escola tradicional prega), mas precisam saber e entender no que são boas para conseguir chegar ao sucesso. O fato é que, quanto mais preso você estiver a esse modelo de mundo impositivo, mais distante estará de si mesmo. E isso ocorre porque, muitas vezes, quem está ao redor **não vê utilidade nas suas**

habilidades inatas (ou inteligências), por exemplo. E sabe qual é a grande verdade? Não são essas pessoas que devem ver utilidade em suas habilidades e inteligências, mas **você**!

Se não valorizar as armas que tem, jamais vai conseguir se defender.

É como ter uma faca de carne, mas sem corte. Você tem uma ferramenta em potencial em mãos, mas, enquanto não afiá-la, ela não servirá para cortar a carne. Todos nascemos com algo que "não tem para ninguém" e você sabe que possui algo assim.

Por exemplo, alguém que desde sempre tem a habilidade de falar bem em público. Essa pessoa sempre é escolhida para ser oradora da turma, para ler textos, para representar a família em reuniões e consegue sempre se comunicar bem, com segurança, transmitir o que é preciso e empolgar os outros a acreditarem nela. Quem investir nisso pode atingir o que é chamado de "maestria", ou seja, o mais alto grau de aperfeiçoamento de dom que você possa ter.

A coisa mais importante que você deve saber sobre si próprio neste momento é: qual habilidade inata possui que, se lapidada, poderia atingir um grau de maestria, um ponto de excelência no qual a competição não importa mais?

Apesar disso, note que ter uma habilidade inata não é o único fator necessário para o sucesso e explico por quê: se alguém não tem a habilidade de falar em público, mas investe nisso, pode se tornar melhor do que um talento natural que nunca treinou e desenvolveu o dom. Como dizia Steve Jobs, "a persistência faz o gênio". Muita gente tímida que nunca esteve no palco pode se tornar um grande orador por esforço.

Então a lição que tiramos disso é: se você não aperfeiçoar suas habilidades inatas, alguém que sequer tem essas habilidades pode ficar melhor do que você e viver a vida que poderia ser sua com persistência e treino!

O pulo do gato está em saber qual é a sua maior habilidade e investir nela. Aí você vai muito além de ser bom, excelente, você fica inalcançável. E isso muda a sua vida, porque não importa a carreira que siga, quando você une "treino/capacitação" às suas "habilidades inatas" tenha certeza de que será o combustível para ter sucesso e realizar sua paixão de se tornar um grande executivo, empresário, artista, músico, palestrante, coach, administrador, médico, engenheiro, advogado, professor, arquiteto, dentista, enfim.

Provavelmente você já ouviu falar de Mozart, que tinha "inteligência musical" acima da média. Talvez o que você não saiba é que ele praticava piano desde a infância, começando a compor aos 5 anos. O treino era intenso, relatos dizem que durava oito ou até doze horas, isso durante toda a vida. Atletas olímpicos também podem confirmar isso. Por mais que tenham habilidades inatas e paixão pelos esportes que praticam, precisam treinar duro (muitas vezes desde a infância) para estarem milésimos de segundo à frente dos outros.

Maestria é pegar aquilo que você faz melhor e colocar num nível que ninguém atingiu. Propor-se a fazer o melhor.

Tony Robbins, um dos palestrantes motivacionais mais conhecidos do mundo, faz a seguinte reflexão: Provavelmente você conhece pessoas que são **boas** no que fazem – alguns são pais de família, outros ainda são jovens universitários ou até profissionais maduros em suas carreiras. O mais assustador é que, mesmo essas pessoas sendo **boas**, você provavelmente se lembra de algum caso ou de muitos nas quais as pessoas ficaram desempregadas, endividadas, com problemas de relacionamento ou de saúde. Talvez **você** seja um **bom** pai ou uma **boa** mãe, um **bom** profissional ou uma **boa** profissional, um **bom** marido ou **boa** esposa, mas nunca entendeu por que passa pelos mesmos problemas. Seria algum castigo da vida? Pois bem, isso acontece porque pessoas **boas** possuem resultados **ruins** na vida! Isso mesmo, pessoas **boas** obtêm resultados **ruins** e está mais do que comprovado, basta observar as pessoas "**boas**" que você conhece.

Se você quer ter resultados **bons**, precisa ser **ótimo** naquilo que faz. Não basta ser **bom** para obter **bons** resultados! Agora, se você quer ter resultados **ótimos**, precisa ser, literalmente, **o melhor** que pode ser a cada dia! Na vida, os maiores retornos serão alcançados se você estiver disposto a ser uma versão melhor de si mesmo a cada dia. Assim que entendi isso, eu adotei uma filosofia que pode deixá-lo mais forte: imagine você ficar a cada dia 1% melhor que o dia anterior. Quão melhor você estará daqui a um ano? E em dez anos?

A filosofia é simples: "Não melhor que amanhã, mas certamente melhor que ontem". Esforce-se para melhorar todos os dias 1% em suas finanças, sua saúde, seus relacionamentos e observe como tudo vai mudar para você! Principalmente quando você melhorar habilidades de que já gosta e sabe que lá na frente a **maestria** vai levá-lo a recompensas cada vez maiores. É como perder peso, você vê o resultado e perde cada vez mais. E quando chegar num limite que acha que é o melhor, tenha em mente que apenas começou!

A habilidade natural facilita a persistência para chegar à maestria, e é justamente a habilidade mais passível de monetização que você pode ter.

Este é o verdadeiro combustível para o ponto de ebulição e, na busca desse ponto, você precisa fazer duas coisas:

1. Atualizar seu modelo mental. Desconstruir o plano A, livrar-se do medo, do conflito interno que está enraizado há anos dentro de você e que não é natural. Eliminar toda e qualquer crença negativa sobre o dinheiro, tornar-se finalmente um **criador** de dinheiro, que assume postura ativa sobre seus ganhos. Eliminar toda e qualquer crença de que você é "incapaz" ou de que não possui algo "extraordinário" dentro de você. Esta é a hora de seguir em frente e enterrar mágoas do passado. Represálias sofridas pelos pais, avós ou pessoas próximas ainda que quisessem protegê-lo. A descrença de seus professores ou humilhações pelas quais seu chefe o fez passar, pois no fundo não compreendiam sua genialidade ou simplesmente tinham medo de que você tomasse suas posições pois eram fracos e inseguros.
2. Investir **arduamente** no desenvolvimento de sua habilidade natural (seja qual for essa habilidade – e inicialmente ninguém precisa saber que você a tem, só você). Roberto Setúbal se tornou presidente do Itaú (maior banco privado da América Latina) mesmo sendo muito introspectivo. No entanto, uma de suas grandes habilidades era sua capacidade analítica. Lembre-se do estudo de Gardner, existem múltiplas inteligências e com certeza uma delas – que gera determinadas habilidades em você – pode ser trabalhada até alcançar a maestria.

Para potencializar isso tudo, vou lhe ensinar algumas armas que eu mesmo utilizo para manter minha mentalidade inabalável, minhas emoções equilibradas e meus dons em plena atividade. Entender cada uma dessas armas vai apoiá-lo no momento de criar **o sistema**. Vamos lá?

Blindagem mental

Marcos Rossi nasceu com Síndrome de Hanhart, deficiência congênita que impediu seu desenvolvimento de braços e pernas. Mesmo com o apoio e incentivo de pessoas queridas, sempre havia aquelas pessoas que o olhavam com indiferença e até com preconceito. No entanto, o que para muitas pessoas representaria "limites", para Rossi era uma oportunidade de mostrar ao mundo o poder da superação. Dotado de extrema inteligência, mesmo com suas dificuldades de locomoção, e sem os braços e as pernas, Rossi se formou bacharel em Direito, começou a trabalhar em um importante banco brasileiro e se tornou responsável pelo projeto de inclusão de pessoas portadoras de deficiência em todas as sedes do país. Pai de dois filhos, ele é baterista de escola de samba há cerca de dezesseis anos, vocalista de um grupo de pop rock, pratica mergulho profissional, surf e skate adaptado. Enfim, leva uma vida muito mais intensa do que grande parte das pessoas. Comunicador nato, a motivação que conduziu seu caminho transformou-se numa lição de vida que hoje é levada a milhares de pessoas através da palestra "Superando Limites" e de seu livro *Uma vida sem limites*.

Além de saber usufruir das habilidades com as quais nasceu (como a comunicação), Rossi tinha uma arma muito poderosa consigo chamada "blindagem mental", a habilidade de proteger a mente dos limites que a sociedade impõe, das crenças externas que nunca preencheram seu coração, mas que parecem ser verdadeiras aos olhos de outras pessoas. "Colocar o mundo no mudo para não agir de forma errada." Rossi estava protegido, dentro de si mesmo, pois tinha uma fé inabalável e uma mente suficientemente poderosa para não se deixar influenciar, construindo uma verdadeira história de superação que inspira milhares de pessoas no Brasil.

E, apesar de a blindagem mental ser um dom de poucas pessoas, como venho defendendo aqui, é possível treiná-la e adquiri-la. Você só precisa treinar algum grau de blindagem mental para atingir o sucesso.

A blindagem está muito ligada aos seus filtros de ambiente, se aquilo que é passado para você faz sentido ou não, se você quer absorver as informações do ambiente externo e de qual forma quer usar isso na sua vida e na construção do seu futuro. Você precisa se blindar porque, antes do ponto da virada, a maioria das coisas que estão no ambiente externo só vai poluir a sua mente e gerar insegurança.

Receber e processar todas as informações e estímulos externos pode, inclusive, fazê-lo sofrer o que chamamos de *information overload*. O excesso de informação que pode paralisá-lo e confundi-lo minando sua tomada de decisão ou alta performance. Sabe quando você estuda demais e a sua cabeça não consegue assimilar o que você está estudando? Pois bem, isso é um dos exemplos de *information overload* e ocorre porque o conhecimento depende do tempo de maturação.

A blindagem mental e a desinformação seletiva, que vou explicar logo adiante, são alguns dos antídotos para esse fenômeno. É necessário tempo para separar o que realmente vale a pena do que o confunde, porque na época em que vivemos hoje a informação é tanta que acaba sendo tóxica para você (e isso vale tanto para a informação que você consome da mídia quanto para a convivência com outras pessoas). Conforme amadurece, a sua interpretação de mundo se refina e você enxerga coisas com mais clareza, a mente aprende a se proteger e se blindar.

No entanto, agora que leu isso tudo, existe uma nova possibilidade para você. Em vez de aguardar essa maturidade natural (vinda ao longo dos anos), você pode conscientemente desenvolver sua blindagem mental. Para isso existem dois outros importantes elementos que vão apoiá-lo: reclusão e desinformação seletiva, que explico na sequência.

O poder de ficar sozinho

Gabriel Goffi, jogador profissional de pôquer em *high stakes*, quando fala de empreendedorismo de alta performance afirma: uma das coisas que você mais precisa ter num jogo de pôquer é blindagem emocional. E ele está certo, porque, principalmente na área em que ele compete, todo mundo é muito bom, tem o mesmo nível técnico e a capacidade de não se deixar afetar pelo que vem de fora, que vai diferenciar essas pessoas. Goffi também fala sobre meditação e da importância de permanecer sozinho para entrar em contato consigo próprio. O jogo de poder é muito individual, por mais que esteja numa mesa com sete pessoas, você está recluso em seu mundo, com a mente e a técnica estressadas ao limite. Tanto que nos últimos anos o pôquer foi classificado como um jogo da mente, assim como o xadrez, que também faz parte da mesma categoria.

Quero lhe falar aqui sobre o poder da solidão em momentos de desenvolvimento ou desafio. Lembra da blindagem mental? Em vez de estar a todo momento "filtrando" o que vem do ambiente, por que não trocar de ambiente ou mesmo se aproximar das pessoas certas (afastando-se das erradas)?

Em minha caminhada passei por alguns momentos importantes de algo que chamo "reclusão social". Nós temos uma quantidade imensa de amigos, mas que não ajudam ninguém a realizar sonhos, especialmente eles mesmos.

E temos também muitos críticos de plantão que sabemos que sempre vão se esforçar em encontrar algum tipo de desgraça no que planejamos e propomos. Eu sei que não é possível simplesmente "cortar" seu pai, seu namorado ou sua amiga para sempre, mas pelo menos por um período, para o seu bem, fique um tempo sozinho, sem influência externa e veja o que acontece. Vá para um local em que possa esquecer do mundo cotidiano, entre em contato com sua essência em um retiro espiritual, escreva um livro, leia em silêncio, passe uns dias com você. Você precisa de um tempo para si mesmo. As pessoas vão dizer que você sumiu, mas você está lá, consigo mesmo. E, além de descobrir o *poder de ficar sozinho*, descubra também o *poder do silêncio*!

Quando foi a última vez que ficou um dia inteiro sem *falar* com ninguém? Sem ouvir o *som* de sua *voz*? O mais assustador é que talvez você nunca tenha feito isso ou não se lembre.

Desconecte-se um, dois, ou três dias (ou meses, se for capaz) de WhatsApp, Facebook, telefone e inclusive de pessoas. Observe seus pensamentos, seus sentimentos e conecte-se com sua essência que há anos está esquecida. Somos bombardeados com crenças do tipo "Você precisa estar conectado", "Você precisa estar em comunidade", "Você precisa estar disponível", será? Por que ninguém vira e fala "Você precisa estar consigo, sozinho, isso basta!"?

Você não precisa de nada além de si próprio. Você se basta e pode ser feliz se tudo o que tem e conhece hoje não existir um dia. Para isso você deve se preparar. De início pode parecer estranho, mas, por experiência própria, é muito gostoso passar dias apenas com o Rafael, com o Prado e com o Celso, ou seja, comigo mesmo.

Você só vai perceber quanto foi intoxicado quando permanecer uma semana sem conviver em um ambiente tóxico. Quando finalmente puder ouvir sua voz interior e tomar consciência de seus verdadeiros gostos, prazeres e *pensamentos*.

Uma das coisas mais assustadoras (e magníficas ao mesmo tempo) é se conectar com o que chamo de *pensamentos originais*. Talvez você nunca tenha ouvido a respeito, mas pensamentos originais são toda e qualquer forma de pensamento vindo de você mesmo, de sua essência. Comumente replicamos ideias e pensamentos do mundo externo. Mensagens subliminares presentes na TV ou até crenças de pessoas de nosso convívio.

Em 50% do tempo você vive sua vida e nos outros 50% está vivendo a vida de outras pessoas, diante de expectativas, opiniões, muitas vezes sem nem perceber. O poder de ficar sozinho serve para trazê-lo para o presente, conectar-se com sua essência e finalmente emergir seus pensamentos originais. Aqueles anos de vivência e experiência que formaram uma opinião convicta sobre os mais diversos assuntos, mas **sua** opinião, e não uma replicação inconsciente do que leu na *Veja* ou assistiu na Globo.

"Eu nem sabia que acreditava nisso", "Eu nem sabia que **sabia** disso", "Eu nem percebi que tinha falado isso, mas é o contrário", essas são algumas das frases ou pensamentos que você diz ao entrar em contato com seus pensamentos originais, quando você finalmente se conecta numa fração de segundo com as próprias crenças.

Para não ser contaminado pelo pensamento das outras pessoas, inclusive das que o amam, só aceite opiniões do seu mentor (e falarei mais de mentor no final do livro). Porque aceitar a opinião de cinco ou dez pessoas durante um processo de estruturação interno é impraticável. Aprenda primeiro a viver a vida consigo mesmo, porque depois os relacionamentos vão somar. Quanto mais cedo aprender isso, mais feliz será. Não terceirize sua felicidade. Não se trata de sumir para sempre, não quero que este livro se torne a sensação do noticiário por quebrar amizades ou por aumentar o turismo espiritual para a Índia ou o Tibete, mas você precisa ter um momento íntimo.

Como disse, eu pratiquei alguns tipos de reclusão, desde ficar em meio a muita gente, mas mantendo o meu mundo interno, até ir para viagens e retiros para encontrar meu caminho. O seu caminho é seu, e somente você pode encontrá-lo.

A arte de filtrar as opiniões

Depois que desenvolver a famosa blindagem mental e aprender o poder de ficar sozinho (e retornar), aplique o que chamo de *audição seletiva*, ou seja, você vai ouvir *o que* quiser ouvir e de *quem* **escolher** ouvir.

Para aplicar a *audição seletiva* o melhor é primeiramente definir quem você vai ouvir ao longo de seu processo de desenvolvimento. Essa pessoa pode ser o que chamo de mentor (alguém mais experiente que você, que, acima de qualquer coisa, você respeite e admire). Esse mentor estará dentro ou fora de casa, por isso pense em pessoas em quem confia, não só em relação ao julgamento, e sabe que quer o seu bem, mas cuja opinião você respeite. Essas pessoas percebem aquilo no que você é bom. A grande diferença entre elas e os "palpiteiros" é que no caso destes últimos existe um mundo de pessoas que emitem opiniões sobre você, mas não fazem parte do seu time. Descobrir e afinar o seu dom depende de poder contar com os *seus team players* (ou *team coach*) para se desenvolver. Chegue para aquele professor que o estimulava ou para aquele colega de trabalho que você admira e faça a pergunta pedindo o máximo de honestidade na resposta: "Na sua opinião, no que eu sou bom? No que sou diferente dos outros? No que estou errando?".

Confronte a opinião deles com aquilo que você mais acredita ou acreditava, esteja pronto e dê abertura para que eles sejam sinceros, afinal é o time seleto de pessoas para quem você pediu uma opinião.

Audição seletiva é a habilidade que blinda seus ouvidos para os palpiteiros e para toda e qualquer informação que não seja útil ou que vá contra aquilo em que você acredita sem nenhuma sustentação para convencê-lo do contrário. Audição seletiva faz com que você tenha ouvidos apenas para as pessoas que importam e apenas para os assuntos que importam sem qualquer prejuízo emocional (dúvidas, ansiedade, angústia etc.).

E no processo de comparação do seu dom com o mundo, aceite que existe muito aprendizado nas relações difíceis. Sabe aquele chefe "chato" que sempre parece estar extraindo mais e mais de você? Nem sempre ele quer o seu mal, mas para cumprir aquilo que ele precisa talvez necessite de 100% de seu potencial, e assim você amadurece. Estude essas relações, mas não deixe que essas críticas (e feedbacks ou como dizem, "fodebacks" — acho que isso não deveria ser escrito em um livro!) moldem sua habilidade a ponto de feri-la. O que você precisa é exercitar a comparação para afinar aquilo no qual você se destaca.

No entanto, sei que às vezes é inevitável ter de ouvir algumas pessoas que nem são nossos mentores. Da mesma forma que muitas vezes você vai precisar ignorar os conselhos do próprio mentor para seguir suas crenças e seus pensamentos originais — se vai dar certo ou errado eu não sei, mas às vezes você tem de cometer os mesmos erros e sentir na pele o que eu mesmo já senti! Quando você cair vai respeitá-lo mais, e tudo o que ouvir fará sentido. Quando contrariá-lo e tiver êxito, vai ganhar mais autoconfiança e nem por isso deixará de respeitá-lo ou ouvi-lo. O erro pode ser evidente, mas é papel do mentor lhe dar atalhos diante da experiência dele. E *você* decide se a experiência dele está ligada à sua convicção. Quando você criar *seu* **sistema** vai perceber que em dado momento também será um *mentor*, por isso é tão importante antes passar pela experiência de um mentorado! Tudo o que você faz será feito um dia com você também (então, trate-os com carinho para ser tratado com carinho no futuro).

Depois que entender seu dom a partir da sua trajetória, da sua experiência, das críticas e dos elogios recebidos (e alguns avisos ignorados ou não do seu mentor), comece a exercitar essa habilidade. Talvez você seja bom em falar em público, gerir conflitos, criar ilustrações, analisar balanços. Faça aquilo que encontrou e procure quem são os mestres disso no momento. Então se seu dom é falar em público, encontre os palestrantes nos quais você quer se espelhar e compare-se novamente sem medo. Em minha trajetória para me tornar um exímio palestrante, estudei com os maiores palestrantes do Brasil e do exterior. Foram anos até me sentir realmente confortável e substituir a ansiedade e o medo de subir em um palco por excitação e desejo de estar em um grande palco todos os meses! Juro para você, eu me sinto chateado quando fico muito tempo sem falar para milhares de pessoas. No último ano, todos os meses tenho dado palestras para públicos com mais de 3 mil pessoas, e é uma paixão imensurável!

Para isso, porém, estudei *standup*, improviso, oratória, teatro, hipnoterapia, PNL, coaching, influência e persuasão e fui para os Estados Unidos aprender com grandes palestrantes como Brendon Burchard e T. Harv Eker. Criei no Brasil meus próprios eventos com centenas de milhares de pessoas e dividi palco com os maiores palestrantes do Brasil e do mundo, como Jordan Belfort, Roberto Shinyashiki, Rodrigo Cardoso, Pablo Paucar, entre outros. No entanto, até chegar a esse ponto, tive muita lição de casa. Não é porque logo cedo, desde o ensino fundamental, atuei como orador em eventos estudantis (inclusive na formatura) que me tornaria um palestrante respeitado caso não tivesse investido em meu desenvolvimento.

Assim como fiz, pare por um momento e compare-se com os melhores que têm a mesma habilidade que você, ainda que saiba que perderá na comparação, mas com consciência de enxergar os pontos que pode melhorar a partir da experiência dos que já são excelentes e em breve chegar a patamares ainda maiores. Perceba como é o mundo afinal de contas. Se seu sonho é abrir um negócio na área de serviços, veja quem é o principal concorrente e estude em que quesitos ele ganha dos outros, se é no preço, na equipe, na logística. Depois você tem de se comparar, mas ser fortalecido para seguir o próprio caminho. O limite do seu sucesso não está no melhor *benchmarking* que encontrar, mas em você, porque, depois da comparação e dos ajustes, o seu melhor pode ser ainda mais do que o melhor atualmente conhecido.

O poder da desinformação

Fico triste com atentados terroristas, e sei que a economia do país pode estar em crise, e que muitas informações circuladas na grande mídia podem alterar o futuro do país e do meu negócio, mas não quero saber sobre isso. Esta é a alienação por opção — e funciona.

Sabe de uma coisa? Sinta-se à vontade para praticar algo que eu também pratico: desinformação seletiva. Quanto menos souber de informações que não lhe dizem respeito e só ocupam a sua cabeça com medo do futuro, melhor. Decida os veículos dos quais você não quer ter informação.

"Não quero informação sobre mundo, sobre fofocas políticas, sobre índices de gordura nos diferentes tipos de arroz ou qual exposição de arte está abrindo na cidade hoje", ok!

"Quero informações relativas a mim e ao que vai me ajudar, quero livros e conteúdo que sirvam de degrau para os meus sonhos, e não algo que vai me fazer sair do foco cada vez mais", melhor ainda!

Quando você está em um estado de tomada de decisão, uma notícia como uma alta da inflação ou a retração do varejo podem fazê-lo desistir de abrir um negócio, que, se não fosse aquela informação, você seguiria em frente — e teria sucesso! Porque aquilo em que é bom, você será sempre bom, não importa o cenário — você vai encontrar saídas para continuar monetizando o seu dom. Por isso não lhe serve de nada nesse momento ler os cadernos de economia, porque neles tudo vai dar errado, porque o jornal, o portal de notícias, eles são empresas que querem atrair o maior público possível, o que significa que a curadoria desses meios sempre dará mais atenção para a notícia mais trágica e chocante possível. E você definitivamente não precisa disso agora. As informações desnecessárias não o ajudam a empreender nem a conhecer melhor a si mesmo. O seu sucesso em nada tem a ver com o seu mundo externo. Ele tem a ver com o mundo interno e com quão verdadeiro é o seu contato com ele.

Não existe crise dentro de você! Isso aí, não tem crise se assim você condicionar sua mente. Sabe por quê? Quanto mais ouve notícias trágicas, sobre crise econômica etc., inconscientemente cria *imprints* que o levam a ter **medo**. Quanto mais medo você tem, quimicamente seu corpo sofrerá bombardeios de adrenalina tóxicos ao organismo e seu cérebro reptiliano tentará protegê-lo com aquela voz irritante falando que *não vai dar certo*. Você quer isso?

Se eu acreditasse na opinião das pessoas, nunca teria pegado 100% da rescisão de minha saída do banco para comprar uma parte daquela webtv sobre a qual contei e com ela convidar celebridades para produzir infoprodutos, o que anos mais tarde me tornou líder do setor! Ah, o medo... Você sabe que pode vencê-lo e uma das formas de diminuí-lo é mantendo-se "mal informado" sobre o que diz a grande mídia. Eu sei, eu sei... contradiz tudo o que você já ouviu na faculdade, na TV e dos intelectuais de plantão, o fato é: se eles soubessem disso, talvez estivessem mais ricos e felizes.

Você é um gênio

Agora chegou a hora... A hora de tomar posse da crença mais importante que quero instalar em você neste livro: a de que você é um *gênio*!

E não estou falando isso só por falar, em minha história, mesmo que fosse um improvável, em dado momento começaram a me chamar de gênio. E eu não acreditava nisso! E é por isso que eu acredito em você, porque, se existe quem me considere um gênio, vejo que a genialidade pode ser algo a ser perseguido e trabalhado. Meu caminho de vida me fez começar a pensar que o gênio se torna gênio quando começa a encarar a vida com naturalidade. Eu comecei a me tornar um gênio quando passei a construir o meu próprio modo de vida, o meu modelo de visão de mundo na prática, para me sustentar, me relacionar, para viver meu cotidiano. Dessa forma eu decodifiquei uma fórmula que chamo de *fórmula da genialidade* e, a partir dela, quero que você finalmente aprenda como se tornar um *gênio* e mudar qualquer crença que tenha contrária a isso.

A fórmula da genialidade

A sociedade em que vivemos deturpou por séculos o conceito de gênio; a genialidade não é necessariamente ser superdotado. A pessoa superdotada costuma ser geneticamente diferente da outra. Pode ser uma falha de constituição. Já li sobre isso – existe o que citei anteriormente, a tal teoria da equivalência que diz que, quando lhe faltar algum sentido ou habilidade, você compensará a deficiência desenvolvendo outras faculdades. Nos mosteiros Shaolin, muitas vezes existem treinamentos que obrigam voto de silêncio ou obstruem sentidos como visão ou audição durante um período para que outras habilidades se desenvolvam.

O fato é que você pode desenvolver toda e qualquer habilidade, sobretudo na ausência de outras. Cada pessoa é geneticamente constituída de maneira diferente das outras. Há aquele que é extremamente eloquente, extremamente analítico, extremamente criativo, essas características se manifestam a partir do conjunto de experiências que você teve na vida e na sua criação.

Quando o ambiente em que vive proporciona facilidade para você desenvolver seus dons naturais, é o melhor dos mundos, como Mozart, por exemplo, que tinha o dom da música e nasceu com um pai professor de piano. Ele desenvolveu a genialidade rapidamente e ultrapassou o pai antes de chegar aos 10 anos.

Eu sempre fui submetido à resolução de problemas complexos desde que nasci e isso me fez gostar de resolver problemas com exatidão. Curiosamente, me desenvolvi tanto na área de exatas quanto na de humanas, o que me levou a cursar um mestrado em Engenharia e ao mesmo tempo um MBA em gestão. A questão da genialidade é simples. Você tem uma habilidade que o destaca de um grupo de pessoas. E você tem de focar nisso, e não sempre desenvolver seus pontos fracos, a exemplo do ensino tradicional que preza por deixá-lo o mais mediano possível — ao estimulá-lo a se aprofundar naquela disciplina que sempre tira 10, o foco da escola é padronizar, ignorando que a habilidade que você carrega naturalmente tem grande chance de gerar dinheiro e independência. Conforme tem espaço para desenvolver o seu melhor, e não a sua média, a diferença em relação às outras pessoas vai ficar maior quando se trata daquela coisa específica.

Por isso todo mundo é um gênio, mas nem todo mundo é superdotado; vamos tirar a ideia de gênio do conceito de superdotado. Dentro da sua normalidade, você tem algo que o torna um gênio, e uma grande dica para saber o que é isso é notar que provavelmente é algo que você faz com tranquilidade, sempre dá certo e que você adora fazer (mas não sabe explicar como faz ou por que faz).

Talvez você goste de séries norte-americanas (eu sou viciado). O portal Netflix recentemente lançou uma série de autoria própria chamada *Marco Polo* que retrata os primeiros anos desse explorador (um dos primeiros exploradores ocidentais a percorrer a rota da Seda) no coração do império mongol. Um dos personagens é um hábil monge taoísta que posteriormente seria apelidado de Cem Olhos. Após desacatar os desejos de Kublai Kahn (imperador), que o obrigou a ensinar suas artes de combate para seu exército, resistiu matando seus homens e fugindo da prisão. Kublai Kahn novamente o capturou e como castigo o fez perder a visão utilizando veneno de cobra.

“Algumas das aves mais belas do jardim sempre voam, basta cortar suas asas para que nunca fujam”, esta foi sua fala naquele doloroso momento. Além disso, Kublai Kahn disse que, se o monge quisesse proteger a cultura taoísta da qual restavam pouquíssimos representantes, ele deveria obedecê-lo.

Cego, o monge antes capaz de derrubar dez homens sozinho havia perdido seu principal sentido de orientação. Por várias estações passou a treinar de maneira intensa até que finalmente, mesmo sem enxergar, recuperou suas habilidades desenvolvendo outros sentidos. Ele estava de volta, mas como Cem Olhos.

Com base na história de nosso exímio monge-guerreiro Cem Olhos, quero decodificar para você a verdadeira fórmula da genialidade, que é o principal combustível que alimenta **o sistema.**

HABILIDADE INATA + PAIXÃO + TREINO = GENIALIDADE

Essa é a formula da genialidade. Qual desses elementos você está ignorando?

Genialidade é o ingrediente fundamental para você alcançar sua liberdade financeira e a chave para conquistar todos os seus sonhos. Dê a si mesmo um voto de confiança. Na vida precisamos de muitos votos de confiança para prosseguir com nossos sonhos.

Confie em si mesmo

Eu olho para trás e me lembro de que não tive muitos votos de confiança, na verdade os únicos votos de confiança que recebi foram dos meus pais e de importantes mentores que passaram por minha vida: o professor doutor da USP Fernando Coelho, o expert em inovação Erick Moutinho, o best-seller Roberto Shinyashiki, o empreendedor serial e visionário Ricardo Bellino e o bilionário Carlos Wizard Martins. Estas foram as pessoas-chave que mudaram minha forma de ver o mundo.

Muitas vezes, passamos pela vida sem perceber a diferença que faz ter um voto de confiança. Você não percebe, mas com algum incentivo e alguma segurança de que está sendo apoiado, poderia ter tomado decisões muito diferentes. Geralmente recebemos tantas críticas que começamos a nos fechar para o mundo e a repetição se transforma em padrão, e com isso algumas poucas experiências durante a juventude podem nos fechar para tentar coisas novas e acreditar em pessoas. E quanto mais fechado você está para conhecer quem pode acreditar em você, mais difícil será para que isso aconteça.

Você já se blindou mentalmente, já passou a acreditar em si e descobriu a verdadeira fórmula da genialidade. Agora, você só precisa abrir os olhos para poder ver oportunidades e pessoas que realmente podem ajudá-lo. O ponto não é acreditar em todo mundo, querer um monte de opiniões, frustrar-se a partir disso. Mantenha o seu núcleo interno fortalecido, mas abra-se para enxergar pontos de contato com pessoas e se dar a chance da oportunidade.

Hoje tenho uma visão muito aguçada para oportunidade. Para isso, precisei dar um passo atrás em minhas crenças, inclusive em crenças fortes. Eu sugiro que você reveja a maioria de suas crenças quando se trata de pessoas e oportunidades e passe a ter um olhar mais crítico. Eu parto de um exemplo muito simples: pessoas dizem que você não vai conhecer alguém com quem se relacionar na noite, em uma boate, como diriam meus amigos cariocas, ou em uma balada, como diriam meus amigos paulistas, afinal ali não é lugar para encontrar alguém para um relacionamento sério.

Mas, afinal, por que não pode conhecer alguém sério na balada? Na noite não tem ninguém? No entanto, você não está lá? Você é sério ou séria? Eu aposto que, da mesma forma que você é uma pessoa correta que saiu para se divertir, vai existir outra pessoa interessante que vale a pena conhecer e teve a mesma ideia que você. Antes eu não acreditava nisso e julgava quem ia para a noite conhecer alguém. Eu estava distante de meus pensamentos originais e muito, mas muito distante das crenças que me fariam alcançar o ponto de ebulição.

O mesmo vale para os negócios. Para ver mais oportunidades, é preciso mudar suas crenças e quem as reforça. Mude o seu ciclo de amigos, se você convive em um mar de pessoas que não acreditam em você, precisa mudar de oceanos para encontrar pessoas mais abertas a enxergar o seu potencial. As coisas só vão mudar se você começar a fazer diferente. Por que isso funcionou para mim? No meu ambiente existia falta de crença tanto em mim quanto na possibilidade de sucesso e enriquecimento em si, tios, amigos, professores, um ambiente inteiro de apatia e desconfiança. Quando entrei na faculdade foi como começar de novo, eu estava fazendo novas relações com neutralidade, ninguém ali sabia a minha história. E um professor acreditou em mim sem o filtro social, sem o filtro da convivência. Só porque eu apresentava resultado. Ele me apoiou, confiou em mim, fez com que eu acreditasse que posso ser quem sou hoje. O nome dele é Fernando Coelho, que se tornou meu primeiro mentor e um grande amigo.

As coisas mudaram para mim porque, quando você está num ambiente diferente com coisas diferentes, não existe ainda um *track record* (histórico), é hora de você mostrar do que é capaz, não há um amigo que pode ter ciúmes ou um membro da família que pode sentir insegurança. A neutralidade é fundamental para você provar seu valor para as pessoas, pois no campo da neutralidade é que você mostra o que tem a oferecer para alguém. Quando conhece alguém para fazer um negócio essa pessoa não tem informação sobre o que você pode fazer, mesmo que apresente um portfólio, um currículo, referências. Então, assim que descobrir seu dom, você deve ir buscar os novos oceanos para nadar, sem medo de desfazer as crenças.

No fundo todo mundo espera por alguém que tenha fé no seu talento, para não ter a sensação de que está sozinho; quando encontramos pessoas que estão no nosso barco tudo acontece muito mais rápido. Ter ao nosso lado pessoas que acreditam em nós torna-se um eliminador de insegurança. As pessoas são naturalmente inseguras porque existe algo no nosso instinto, no cérebro reptiliano que busca sempre a segurança, que ainda é o homem primitivo correndo para buscar abrigo ao ouvir o som de um raio. Quando você quer fazer algo e é validado, sente-se melhor para continuar fazendo isso. As pessoas de maior sucesso são capazes de criar autossegurança sobre o que vão fazer.

Por isso, acho importante estabelecer uma diferença básica: encontrar um meio que ofereça apoio é importante, mas você não pode basear suas decisões somente se tiver alguém para apoiá-lo. Encontre o ambiente de apoio, mas entenda que é necessário ter audácia de fazer as coisas por si só mesmo quando ninguém acredita em você e no seu projeto.

Talvez você já tenha passado por isso ou conheça alguém que passou, de fato é como optar por um relacionamento que muitas vezes ninguém acredita que vai dar certo, mas por que isso? Liberdade é quando você se sente tranquilo de tomar uma decisão por si só mesmo que desagrade todo mundo.

Ser livre é não precisar de aprovação externa para seguir em frente com o que você quer. Quando você toma a **sua** maior decisão. A sua maior decisão é melhor que a dos outros. Mesmo que você tenha sua rede de apoio, entenda que ela serve como se fosse um conselho executivo do qual você é o presidente: a decisão final é sempre sua.

Associe o dom a uma causa

Se o seu dom for colocado a serviço de uma causa, ao bem comum das pessoas, ele vai prosperar e você também. Roberto Shinyashiki fala que os negócios que não ajudam ninguém vão à falência, e eu acredito nisso. Você tem muito mais sucesso em bancar a sua individualidade se ela servir a um bem maior do que você mesmo.

Você precisa encontrar o seu caminho no mundo para se posicionar, e ao pensar no bem comum pode se associar a quem tem uma missão parecida com a sua, mas apresenta habilidades diferentes. O analista pode se associar ao bom orador. Ou podemos formar uma parceria com um sócio, um parceiro, colegas de uma empresa. O importante é complementar e ser complementado, mas consciente e sem perder de vista sua voz. Sempre com o livre-arbítrio que a sua época lhe proporciona e a capacidade de cooperar com quem tem o mesmo sonho.

Enquanto escrevo este livro estou lutando por uma causa muito importante para mim: Transformar improváveis em milionários fazendo com que cada um reconheça e utilize sua genialidade. Tenho desejo genuíno de ajudar milhares de pessoas, seja por este livro, pelas minhas palestras, seja por minhas mentorias ou pelos workshops do **sistema** nas áreas de liberdade financeira, construção de negócios, persuasão e vendas. Desse modo, em certa medida, cada pessoa pode ser impactada de múltiplas formas e em múltiplos canais que geram um ciclo virtuoso de prosperidade.

A seguir quero compartilhar com você a história de um de meus mentores, parceiro de negócios e, principalmente, amigo. Estou falando do Ricardo Bellino, o cara que trouxe a maior empresa de modelos, a Elite Models, para o Brasil e se tornou sócio do magnata norte-americano Donald Trump. Espero que esta história o inspire e mostre que o ponto de ebulição é possível para todas as pessoas!

O gênio e o mentor

Ricardo Bellino é um dos meus mentores e amigos mais queridos, tornou-se meu parceiro de negócios em Miami (o homem que convenceu Donald Trump a se tornar seu sócio em três minutos foi convencido por mim em três jantares) e demonstrou com a sua história de empreendedorismo que o **maior** capital que você tem para começar algo é você mesmo, com seu entusiasmo e sua ousadia.

Aos 21 anos ele viu uma matéria em uma revista francesa sobre a maior agência de modelos do mundo, a Elite, que na época promovia o concurso “The Look of The Year”, criado por seu presidente, John Casablancas. Mesmo sem muita noção de francês, algo dentro dele se acendeu naquele momento, e pensou: “Vou trazer esse negócio para cá”. Ele ainda era um menino que cursava Economia na Faculdade Cândido Mendes, no Rio de Janeiro, e uma pessoa comum teria ficado animada com essa ideia, discutido com alguns amigos, mas depois seguido com a vida. Não Bellino, que começou a pensar em como seria possível trazer a maior agência de modelos do mundo para o Brasil, sem contatos, sem dinheiro, sem falar inglês direito. Ele começou escrevendo uma carta endereçada ao próprio John Casablancas, e pediu que um amigo a traduzisse para o inglês. A carta foi enviada por telex, mas não houve resposta.

Ele insistiu enviando outro telex para confirmar o recebimento do primeiro e recebeu uma resposta da assistente de Casablancas informando que ele já havia recebido a mensagem e que retornaria assim que voltasse de uma viagem.

Essa dinâmica fez Bellino entender que só se comunicar por texto não o levaria a lugar nenhum, ele precisava ir até Nova York encontrar com Casablancas. Mesmo sem saber como faria para chegar lá, decidiu enviar outro telex propondo uma reunião. Recebeu surpreendentemente uma resposta rápida confirmando uma reunião com Fernando Casablancas, irmão de John, e responsável pela operação de franquias da agência. No entanto, faltava ainda uma peça chave: descobrir como pagar pela viagem até lá.

Bellino gosta de afirmar que ideias e ações aparecem juntas, não podem acontecer separadas, e sua história confirma essa teoria. Ele havia visto em uma revista que a DHL, multinacional de entregas rápidas, estava convocando jovens universitários que tivessem interesse em viajar para os Estados Unidos, por uma semana ou duas, sem custos, para trabalhar.

Como sempre, a ação veio sem titubear: ele ligou para o Michael Manion, o então presidente da DHL, e contou seus planos, e ele confirmou imediatamente seu credenciamento para viajar como *courier* da empresa. A passagem estava garantida, mas ainda havia despesas de hospedagem e alimentação que Bellino não podia pagar, e teve de pedir emprestado do pai o valor necessário para comprar a quota de dólares oficiais (na época mil dólares), com a condição de utilizar somente a metade (500 dólares) e devolver o valor total de cruzeiros no retorno, vendendo o saldo de 500 dólares pelo câmbio paralelo. Agora só faltava a apresentação de tudo aquilo que vivia em sua mente. O empreendedor obteve uma opção de compra de um edifício abandonado em São Conrado, no Rio de Janeiro, onde funcionava o restaurante Pote, e pediu a um amigo arquiteto que fizesse sem custos um projeto completo para a implantação da agência Elite, a John Casablancas Modeling Schools, uma academia de ginástica, um estúdio fotográfico, além do bar e restaurante Elite Fashion Café. Para dar uma ideia do padrão de beleza brasileira, pediu a mais um amigo, produtor do concurso Garota do Fantástico, alguns vídeos com os clipes das candidatas do concurso e algumas boas revistas de moda.

Chegou a Nova York e ficou em um albergue, onde conheceu um brasileiro que estava disposto a acompanhá-lo na reunião como intérprete, e teve assim sua primeira reunião com Fernando Casablancas. Uma semana depois de retornar ao Brasil, recebeu uma carta de Fernando informando que ele havia feito uma análise preliminar dos planos e que gostaria de dar continuidade aos contatos.

Assim, começou a agendar mais viagens como *courier*, que o obrigavam a permanecer em Nova York por pelo menos uma semana, tudo isso para ter uma reunião de uma hora. Foi assim até o momento em que a negociação não andava mais, pois Fernando queria mesmo era vender uma franquia de escolas de modelos, enquanto Bellino queria uma opção para trazer para o Brasil o concurso The Look of the Year e, posteriormente, a agência de modelos Elite. E foi assim que ele realizou seu sonho de conhecer John Casablancas, que foi chamado para resolver o impasse.

Mesmo com o objetivo de impressionar, Bellino teve de ser sincero e dizer que não tinha, de fato, dinheiro nenhum. Casablancas riu e perguntou: "Como você pretende fazer negócios com a maior agência de modelos do mundo sem dinheiro?". E respondeu que acreditava muito na ideia de levar a Elite para o Brasil e transformá-la em um enorme sucesso, que poderia encontrar os recursos necessários para patrocinar a etapa nacional do concurso e, posteriormente, abrir a agência Elite Brasil. Por incrível que pareça, Casablancas viu que ali havia uma oportunidade e lhe prometeu uma carta de autorização para realizar um estudo de viabilidade com material de apoio: catálogos, vídeos promocionais, enviando o material três meses depois.

Bellino levou a fita da Elite para a Fenit, feira de moda realizada anualmente em São Paulo. Na feira, encontrou um videocassete no estande do jornal *O Estado de S. Paulo* e teve a oportunidade de assistir ao vídeo do concurso da Elite. Assim que saiu do estande, foi abordado por uma mulher. Ela perguntou: "Puxa, você é da Elite?". Bellino usava uma camiseta promocional da agência, impressa por conta, afinal, cara de pau era o seu forte. A mulher era a empresária Vivi Haydu, que o convidou para ir ao estande de seu marido. Lá, eles contaram suas frustradas tentativas de trazer para o Brasil a franquia das John Casablancas Schools e se dispuseram a ajudar a montar a operação e comercializar patrocínios.

Depois de meses apresentando o projeto a diversas agências de publicidade, Vivi o apresentou ao dono da Ellus, Nelson Alvarenga, com quem teve um entrosamento para negócios magnífico. Nelson ainda pediu que John fosse ao aniversário de 15 anos da Ellus com algumas modelos, e Casablancas concordou com a ideia de vir ao Brasil prestigiar seu patrocinador sem ônus; porém as modelos deveriam ser pagas.

Em um telex Bellino pediu a John que confirmasse sua presença e a das modelos, sem fazer qualquer referência a despesas; em outro, pediu que o informasse os custos das modelos. Assim, poderia demonstrar para a Ellus seu prestígio junto a Casablancas e, ao mesmo tempo, dar à empresa o que precisava. Ao apresentar a confirmação de Casablancas para o evento, Nelson fechou o primeiro contrato de patrocínio no valor de 500 mil dólares, realizando o sonho de Bellino, pagando as modelos e iniciando o que seria uma trajetória de sucesso no mundo da moda. Uma trajetória que só foi possível graças à "cara de pau" de um menino de 21 anos que se apresentou para o dono da maior agência de modelos do mundo de igual para igual, e trabalhou relacionamentos para chegar aonde queria.

Anos mais tarde, convicto de mais uma ideia em que ninguém acreditava, Bellino obteve prestigiada repercussão mundial com o sucesso da campanha de camisetas do câncer de mama no Brasil intitulada "O câncer de mama no alvo da moda", da qual provavelmente você deve se lembrar. Acontece que desde seu lançamento mais de 400 celebridades aderiram à causa e foram arrecadados aproximadamente 76 milhões de reais revertidos em doação para combater o câncer de mama. Acreditar era o seu segredo. Ele sempre acreditou, e principalmente sempre acreditou em si mesmo.

▼ Parabéns, mais uma etapa concluída. Assim como nos capítulos anteriores esta etapa o ajudará a subir mais alguns graus rumo à ebulição. Se você não realizou os exercícios dos capítulos anteriores, volte e responda cada pergunta. Lembre-se: a decisão é uma decisão e a cada exercício que você deixa de completar, em vez de expandir, estará retraindo até chegar o momento em que congelará. Se você fez tudo até aqui, parabéns!

Responda cada uma das questões a seguir para aquecer mais 15 graus e alcançar 45 graus de ebulição:

1. Lembre-se de suas três maiores conquistas na vida. Escreva-as em seu caderno com o máximo de detalhes. Quando aconteceu? Com quem você estava? O que você sentiu naquele momento? O que as pessoas disseram para você? Para cada uma das conquistas, liste que habilidades você utilizou para chegar ao sucesso.
2. Lembre-se de seus três maiores fracassos na vida. Escreva-os em seu caderno com o máximo de detalhes. Quando aconteceu? Com quem você estava? O que você sentiu naquele momento? O que as pessoas disseram a você? Para cada um dos fracassos, liste que habilidades você poderia ter utilizado para minimizar os efeitos negativos ou reverter o fracasso em sucesso.
3. Liste dez pessoas que você percebe que gostam de você e com as quais tenha grande proximidade. Para cada uma dessas pessoas, pergunte pessoalmente ou ligue e faça a seguinte pergunta: "Que habilidade, talento ou dom eu tenho — desde criança ou desde que você me conheceu — que se destaca das outras pessoas?". Anote as respostas em seu caderno.
4. Com as respostas do exercício anterior, escreva as três habilidades, talentos ou dons que mais se repetiram. Crie um plano de desenvolvimento dessas três habilidades para dois semestres.
5. Defina data, orçamento e local para você fazer um retiro de pelo menos três dias e no máximo sete dias neste semestre. Avise seus familiares, amigos e cônjuge da importância desse retiro. Você deverá fazê-lo sozinho, o objetivo é se conectar com seus pensamentos originais e obter momentos de silêncio e reclusão social. Você deve anotar em seu caderno o que sentiu, o que pensou e se gostaria de participar novamente desse retiro. ■

5 CAPÍTULO

A ARTE DE CRIAR DINHEIRO COM OS PRÓPRIOS DONS

O psicólogo norte-americano Abraham Maslow publicou em 1943 no artigo "A theory of human motivation", na *Psychological Review*, um estudo que se tornaria conhecido mundialmente. Maslow separou as necessidades que motivam os humanos em uma pirâmide, começando por aquilo que nos é mais básico até necessidades supérfluas, como você pode ver a seguir:

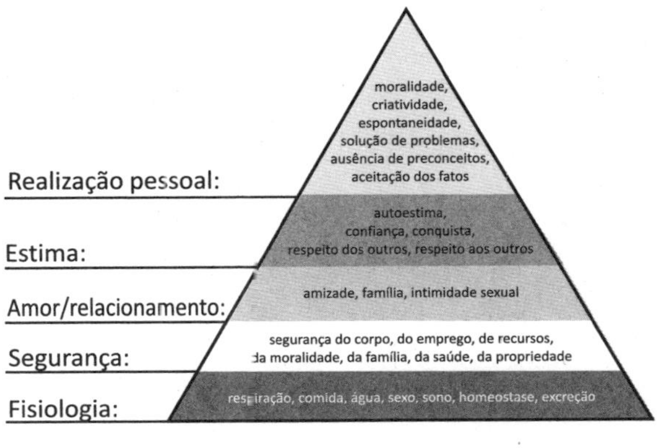

Ficou claro para Maslow que, seguindo da base da pirâmide até o topo, está a proporção do esforço e da urgência de um problema para uma pessoa. Ou seja, resolver sua fome está na frente de resolver um problema de autoestima: você vai trabalhar urgentemente pela fome, mas não tanto para entender o que faz a sua insegurança ser tão intensa. E isso faz todo sentido.

Em minhas viagens pelo mundo, tive o prazer de presenciar o dom de muita gente em ação, gerando valor e criando riqueza não só para si próprias, mas para quem estava em volta. Você pode ser um bom comprador de suprimentos para a empresa onde trabalha, e por trás disso pode estar um dom para a negociação que pode lhe gerar muito mais riqueza do que o seu salário. Neste capítulo vou entrar numa jornada com você rumo à descoberta de estratégias e alternativas para que você também possa ser feliz e ainda criar **muito** dinheiro com suas habilidades. Serão pequenos detalhes, como esse estudo de 1943 chamado pirâmide de Maslow, que direcionarão para o melhor caminho da monetização de seus dons, além de outros elementos do **sistema**, que, a partir daqui, começam a ficar mais claros, sobretudo o que você encontrará nos capítulos a seguir.

Por ora, quero que você perceba um detalhe. Ao analisar como você pode rentabilizar o seu dom, tenha em mente que o mais fácil no momento de gerar valor é resolver problemas dentro da pirâmide de Maslow – mais especificamente na base da pirâmide e nos dois níveis superiores (segurança e relacionamento). As necessidades básicas – comer, se relacionar, viver, ter um funcionamento fisiológico satisfatório – bem como de segurança – do corpo, emprego, da saúde – e de relacionamento – familiar, amizade e intimidade sexual –, respectivamente, representam problemas que as pessoas sempre vão querer resolver na sequência.

Qualquer coisa mais próxima da base da pirâmide de Maslow atinge mais pessoas e pode fazer com que seu produto venda mais por atender a uma necessidade comum a todos. Resolvendo o problema de mais pessoas, você gera mais dinheiro.

O período de crise econômica, por exemplo, é propício para vender soluções relacionadas às necessidades básicas, porque elas não deixaram de existir e ficou mais caro e difícil gastar com os níveis superiores da pirâmide.

Depois que se tornar uma referência naquilo que faz, você pode até subir para os níveis superiores, tendo muito claro seu diferencial para motivar aquela pessoa a investir em você.

No entanto, para aquecer o início deste capítulo, responda a seguinte pergunta: De acordo com a pirâmide, que problemas dali você resolve utilizando seus dons?

Posicionamento é essencial

Para monetizar sua habilidade é essencial ser visto e criar posicionamento. Um produto só vai vender se as pessoas souberem que esse produto existe. Isso é semelhante a um profissional que procura emprego: para que ele seja encontrado deve distribuir currículos. Muito mais que isso, num ambiente de plena concorrência (ou seja, tem outras pessoas ofertando coisas parecidas com a sua) você precisará definir e criar seu **posicionamento.** Para que faixa etária, social ou gênero você quer se tornar referência? Uma autoridade? Para ter clientes você deve ter muito bem definido como sua habilidade poderá ajudar seu público-alvo.

Nesse momento é interessante deixar público o que a sua habilidade já proporcionou para você, de onde você saiu e aonde já chegou com a ajuda dela e o que pode fazer por alguém. Se você tem um resultado real, precisa mostrar isso para o mundo. É como o excelente músico, com habilidade técnica perfeita, criativo, que continua esperando ser descoberto. A questão é que, enquanto você estiver no seu quarto trancado, ninguém saberá que você é um gênio da música. Você precisa ir para um bar tocar seu violino, postar vídeos na internet, ir para a rua. Muitos músicos de rua ganharam fama no YouTube porque alguém filmou o que estavam fazendo, e depois disso muitos conseguem contratos com gravadoras, mas antes tocavam em uma esquina de alguma metrópole. Ou o caso de grandes hits da música pop que conseguiram muito sucesso participando de programas de auditório – como é o caso da boyband One Direction, que se tornou um fenômeno da música, fechando o show das Olimpíadas de Londres em 2012. Eles começaram competindo no programa de TV *The X Factor* como cantores individuais, até serem agrupados para uma prova específica por um dos jurados. Depois disso a combinação dos talentos dos garotos da banda e o carisma absurdo que possuíam fez com que seguissem carreira terminado o programa. Hoje eles ainda representam uma das maiores forças de marketing e faturamento da cultura pop.

Existe um canal no YouTube, o Assombrado, com uma audiência de mais de meio milhão de seguidores, que foi criado por Mateus Fornazari, que além do canal tem um site de eventos e mistérios sobrenaturais, mexendo com o medo das pessoas de modo que crie entretenimento. Acontece que o sucesso do canal se tornou tão grande que Mateus já foi convidado para participar de programas de TV na Globo e na Rede Record em datas típicas, como Halloween, para falar de sua paixão pelos mistérios. O canal também se tornou uma grande fonte de renda para seu criador, pois o YouTube remunera os canais de acordo com a quantidade de cliques em anúncios que aparecem ao longo dos vídeos. Existe uma métrica de mercado que mostra que a cada 1 milhão de visualizações o dono do canal recebe em média 1 mil dólares diante da quantidade de cliques nos anúncios.

E assim foram surgindo canais nas mais variadas áreas: namoro, emagrecimento, cursos, exercícios, conselhos. O mundo gira em torno disso, da solução de problemas. As pessoas que visualizam esses vídeos estão resolvendo problemas pontuais, seja um tutorial ensinando a dar nó de gravata, entretenimento ou informação sobre mistérios.

O que esses casos têm em comum? Se Mateus nunca tivesse postado um vídeo de mistério, falando sobre sua paixão, dificilmente, ele teria meio milhão de inscritos e não seria publicamente conhecido. Se os garotos do One Direction nunca tivessem se inscrito para participar de um programa de TV, hoje não estaríamos falando deles. Quem não tem coragem de se mostrar corre o risco de ser invisível para sempre. O seu papel na construção da vida dos sonhos, do enriquecimento que você deseja para si, é encontrar mecanismos e formas para ser visível e relevante.

Na nova economia, pessoas desconhecidas na web e no mundo ganham menos, vendem bem menos, não importa se você não possui a ambição de ser uma celebridade, estou falando de sucesso, se você não é conhecido, não atua em todo o mercado que poderia e assim não tem sucesso. Você não precisa ser o YouTuber mais visto do Brasil, mas o ponto de ebulição está em deixar claro para quem tem o problema (público-alvo) que é a sua especialidade resolvê-lo, que você existe.

Muitas pessoas olham para blogueiros que são entrevistados pelo Jô Soares e pensam: "Eu poderia estar lá, sou melhor". No entanto, você investiu em marketing? Em comercial? Você se posicionou? Você se mostrou e se vendeu? Investiu em fazer contatos? Você pode ser melhor do que ele, mas, enquanto não for conhecido, não tem como fazer sucesso. E ter a capacidade de se posicionar publicamente diz respeito a sua autoconfiança e ousadia de mostrar ao mundo para que você veio contribuir.

E tem algo que quero lhe contar aqui. No capítulo 8 vou destrinchar para você o que chamo de **sistema**, mas já adianto uma coisa: Sabe quem é o centro do **sistema**? Você! Você deve ser como o *sol* para seu *sistema*, seu público-alvo deve orbitar em torno de você e é isso que vai aumentar seu potencial de monetização independentemente das habilidades que possua.

Mas atenção: vir a público para mostrar que problemas você resolve, vender essas soluções, exige estar pronto para se responsabilizar pelo resultado. E se der certo? Porque, acredite, toda vez que você pensa que não está fazendo algo por medo de dar errado, o medo real é de que aquilo dê certo.

Dar certo para o ser humano é mais assustador do que se não der em nada. Não dar certo significa que você vai precisar tentar outra coisa. Vender outro aspecto do seu dom, trabalhar de outra forma, mas dar certo pode significar ficar com um produto ou serviço tão famoso que você precise contratar muita gente para dar conta do seu negócio. Ou dar certo pode transformá-lo numa pessoa pública que vai ter de lidar com as consequências de tudo o que você fala diante de uma câmera, ou a inveja de parentes e amigos de longa data. O medo mais intenso das pessoas está na responsabilidade de dar certo.

Elimine o medo de ser visto, porque só faz sucesso, só realiza sonhos, quem aceita ser visto. Muitos gênios da humanidade só foram descobertos depois de mostrar seus feitos. Imagine se Darwin nunca tivesse publicado o livro que o tornou famoso, *A origem das espécies*? Os biógrafos contam que ele passou anos aperfeiçoando sua pesquisa sobre evolução natural por medo de perseguições de religiosos e acadêmicos; só queria publicar quando estivesse pronto para defender completamente sua tese. No entanto, quando se viu pronto, não pestanejou. Foi atrás dos lugares certos para ser visto, e aceitou tanto o sucesso quanto as críticas.

Existe um detalhe de que acho importante você estar ciente, nós vivemos um processo de autocobrança ao percebermos que seremos vistos que torna tudo mais assustador do que realmente é. A sua cobrança interna é maior do que o julgamento do seu público; não deixe que ela o impeça de se posicionar.

Muitas vezes uma única ideia que você fala muda a vida de uma pessoa. Você precisa trabalhar para ser descoberto, e fazer a diferença para alguém. Não existe ser descoberto sem trabalhar. E para isso o seu posicionamento precisará ter consistência, o que significa que você não pode ser um ativista do veganismo mas ser fotografado numa churrascaria, por exemplo. Ou publicar vídeos na internet a cada seis meses. Quem quer consumir seu conteúdo precisa saber da consistência da sua mensagem em termos de quanto você vive o que prega e quanto é confiável que você estará disponível para fornecer as soluções que promete.

E nesse sentido a palavra de ordem é *congruência*.

Sabe aquela pessoa que você conhece, que fala que *fez*, que *acontece*, que é *isso* ou *aquilo* e pela proximidade você sabe que é só papo? Quando vai a público e milhares de pessoas começam a avaliá-la, a sua falta de congruência a leva ao fracasso. O público se desconecta e desposiciona pessoas assim pela falta de autenticidade, congruência em relação ao que fala e realmente faz. No entanto, o inverso também é verdade, pessoas *amam* quem tem opinião e faz aquilo que prega, pois, no íntimo de cada um, esperamos sempre por um líder, por alguém em quem possamos confiar, nos inspirar, que possui uma imagem poderosa e humana ao mesmo tempo.

Vivemos um boom de bloggers e depois de YouTubers que se tornaram celebridades digitais e midiáticas. Essas pessoas precisam se expor muito e ter muita consistência para se manterem famosas, porque o trabalho de posicionamento não é feito uma vez só, ele é contínuo. Isso significa que, se você quer ser um artista, não adianta pintar um único quadro e ficar rodando por galerias reclamando que não é escolhido para uma exposição.

Há pouco tempo, eu estava em Miami, em um bairro chamado Wynwood, a capital da arte de rua. De forma geral, o bairro é dividido em três distritos, o Wynwood Technology District, o Wynwood Fashion District e o Wynwood Art District.

As pinturas estão ao ar livre, e no Art District me disseram que existe quase cem galerias, incluindo talentosos artistas brasileiros como Romero Britto e Eduardo Kobra. Um dos principais projetos da região chama-se Wynwood Walls, um parque com exposição permanente ao ar livre de obras de consagrados artistas norte-americanos e internacionais.

E por que estou lhe contando essa experiência em Wynwood? Porque no mundo existe a Wynwood de palestrantes, coachs, engenheiros, advogados, arquitetos. Em especial essa Wynwood é dos artistas de rua e, se você quer dar um importante passo para o sucesso, deve estar presente e ser visto nesses lugares.

Quando viajei para o Vale do Silício, por exemplo, foi para criar minhas histórias e conhecer mais de perto o berço das maiores *startups* do mundo. Afinal, eu havia tido uma, estou diretamente envolvido com o empreendedorismo, então, ali era minha Wynwood, como poderia eu, diante de minha ambição de me tornar um grande empresário, não conhecer o Vale?

Era muito comum em jantares de grupos que passei a frequentar surgirem assuntos sobre a tal Costa Leste e Costa Oeste, os dois maiores polos de empreendedorismo dos Estados Unidos compostos principalmente por São Francisco, Boston e Nova York. Frequentei Associações Comerciais, Federação das Indústrias, LIDE-Futuro, BNI, Rotary, ADHONEP. Mais tarde, entrei para o Masterminds, e criei o meu *mastermind*, meu grupo de mentoria e minhas viagens internacionais a fim de levar empresários pelo mundo para conhecerem os lugares incríveis que eu havia conhecido.

Isso tudo porque o segredo da ebulição e a alma do **sistema** está em conviver e ser respeitado por pessoas-chave, é isso que vai aumentar seu potencial de monetização. Nada, mas nada é mais valoroso do que em dado momento você passar a ser reconhecido por grandes líderes. Vê-los interessados em seus dons e suas habilidades pois reconhecem que você pode ajudá-los. Vou falar mais a fundo sobre isso com você no capítulo 7, sobre redes de relacionamento, mas a questão aqui é muito simples, essas pessoas passam a reconhecê-lo e solicitar troca de valor com você pois o estão vendo.

Recentemente conheci um ortopedista especializado em atletas com uma clínica própria. Ele trabalha com atletas famosos como Rogério Ceni e Kaká, entre outros e tenha certeza de que o potencial de monetização de suas habilidades e competências está num nível elevado. Sabe por que ele trabalha com essas pessoas e ganha mais que 99% dos demais ortopedistas brasileiros? Porque definiu que esses atletas seriam seu público-alvo, depois se especializou na área e começou a criar relacionamento e então passou a receber seus primeiros clientes. Quando o negócio dele cresceu, ele diminuiu seus atendimentos, contratou novos ortopedistas para trabalharem para ele e se concentrou em administrar seu negócio e a expandir ainda mais a rede de contatos. Quando o primeiro atleta famoso apareceu, curiosamente vieram outros. Sua clínica hoje mal possui horário de atendimento disponível, mas para chegar até esse ponto ele empilhou um tijolinho de cada vez mantendo foco na *estratégia* que ele acreditava ser a correta, que unisse sua paixão a suas habilidades inatas e sua competência técnica. Essa é a mais perfeita expressão do **sistema** e é sobre isso que este livro trabalha.

Monetizar seu dom gerando valor para o mundo

Quando enfatizo a importância de monetizar o seu dom, quero deixar claro que qualquer dom é passível de monetização. Não importa o que você faz, existe um caminho para isso na nova economia, porque ela torna possível usar seus pontos fortes a favor dos outros. E mais: quando você consegue usar seu dom, tudo flui, porque a sua habilidade natural o coloca em um estado natural de criação, como uma criança que brinca e começa a criar mundos por horas. E isso é vendável, o que dispara o gatilho da sua inteligência (seja falar em público, criar designs, seja programar ou criar pacotes de venda), ou seja, o verdadeiro segredo do sucesso está naquilo que faz a sua criatividade aflorar.

No mundo existem pessoas dispostas a pagar ouro por suas habilidades. Existem pessoas que estão dispostas a comprar produtos e serviços de outras pessoas – desde que essa habilidade resolva um problema para elas. O segredo dos produtos e serviços que dão certo está em gerar oportunidades e principalmente resolver problemas de outras pessoas, afinal, todas as pessoas e empresas têm alguma questão que precisa ser solucionada.

Você pode resolver o problema de alguém se tiver uma aptidão ou habilidade técnica que possa ser ofertada para pessoas que precisam disso, porque aquela pessoa sozinha não tem habilidade para resolver o problema. O valor está naquilo que você consegue entregar como resolução para quem precisa de algo. Ou seja, se existe gente que hoje está triste, essas mesmas pessoas estão dispostas a pagar por alguém que tenha a habilidade de falar de forma confortante para que essas pessoas resolvam o problema da sua tristeza, pode ser um terapeuta ou um coach.

E neste momento então você pensa: "Poxa, existe um limite a ser 'cobrado' pela oferta de sua habilidade". E eu lhe digo o seguinte, ainda que exista um 'limite', ele está muito além do que você pode imaginar hoje! Talvez como coach, terapeuta ou psicólogo você tenha em mente que sua consulta deva custar de 150 a 300 reais.

Se continuar com essa mentalidade, você estará *ganhando* dinheiro sobre suas habilidades e sua competência técnica e não *criando* dinheiro, como um agente ativo e protagonista, e lhe explico, com a seguinte pergunta: Imagine que você tem 500 mil reais em caixa e está carregando um sério problema que o limita para seguir sua vida e se sentir completo, feliz. Seu caso só poderia ser resolvido por um exímio terapeuta e por isso você procura boas indicações e descobre que precisará de pelo menos umas dez sessões para encontrar paz no coração. Cada sessão custa 250 reais, mas, como você está disposto a resolver o problema, fecha um pacote e ainda ganha duas sessões na conta do consultório. Ou seja, marca doze sessões por 2.500 reais. Esta é a típica postura de um especialista ganhador de dinheiro. Então, aqui fica a seguinte pergunta para você: lembrando que tem 500 mil reais no banco, resolvendo esse problema vai até multiplicar seu patrimônio, a questão é a seguinte: se para se curar de vez esse incômodo custasse 3 mil reais, você pagaria? E 5 mil reais? E 10 mil reais? Provavelmente investiria a quantia necessária, principalmente se tivesse dinheiro disponível para isso. Seu *conforto* e sua *paz* não podem ser precificados, mas uma consulta *sim*.

Uma vez que não existe preço pelo seu conforto, existe uma oportunidade de *criação* de valor a partir de suas habilidades e sua competência técnica. Se você garante que pode resolver o problema em vez de cobrar um valor fixo, pode cobrar por *resultado/solução*, ou por consulta. Note que muitas pessoas (talvez você sinta o mesmo) têm as seguintes crenças: "Eu tenho vergonha, receio ou não consigo cobrar *caro*", "Eu nunca vi alguém cobrar assim ou esse valor", "Será que o que eu sei é o suficiente?", "E se eu não resolver o problema?".

Então lhe pergunto duas coisas:

1. Quando você vai começar a acreditar mais em você, afinal?

Se está sentindo insegurança técnica, significa que você tem de fazer a lição de casa e, daqui em diante, esse tipo de crença tem de desaparecer de você. Note apenas uma coisa, sempre sentimos mais insegurança sobre o que podemos fazer e o que de fato podemos entregar! Se realmente não tem domínio de sua especialidade, crie esse domínio.

Uma vez, com um cliente que estava fechando um projeto grande comigo, ele virou e me perguntou o seguinte: aqui trabalhamos com Infusionsoft (um software que faz gestão de contatos) e quero saber se você conhece essa ferramenta, pois outros fornecedores tiveram problemas porque ela é um pouco complexa.

Minha resposta: Sim, claro! Tenho completo domínio.

Ele: Tem certeza? Posso ficar tranquilo? Pois precisamos de alguém que conheça a ferramenta.

Eu: Como eu já disse, não tem problema nenhum!

Em ambos os momentos respondi com extrema segurança. No entanto, nunca tinha usado o Infusionsoft na vida. Tinha certeza, porém, de uma única coisa: minha capacidade de me tornar um expert no menor tempo possível. Então, fui, inclusive, para os Estados Unidos, em La Jolla, San Diego, na Infusionsoft University, participar de uma formação avançada na ferramenta. Além disso, estamos tratando de equipe e para aquele projeto escolhi para minha equipe uma pessoa especialista na ferramenta que pudesse me apoiar caso fosse necessário. Problema resolvido e contrato assinado. Se você confia no seu potencial e consegue ver à frente a solução para seus problemas e para os problemas de seu cliente, não hesite em dar o primeiro passo, mesmo que seja arriscado. Você precisa disso!

2. O que é caro?

Um Palio e uma BMW são carros. Tem gente que acha tanto a BMW quanto o Palio caros. Tem gente que não acha nenhum dos dois caros! Tem gente que acha o Palio barato e a BMW cara.

O ponto é: para quem você está fazendo sua oferta? Qual é a mentalidade dessa pessoa?

Por que você pensa que para resolver um problema que vai deixar a pessoa mais feliz e multiplicar ganhos sua solução está *cara*? O fato é que existe um *justo preço* para tudo o que você faz e existem pessoas *preparadas* e pessoas *não preparadas* para investir no justo preço por uma questão de poder aquisitivo ou mentalidade.

Seu *justo preço* não diz respeito ao valor de cobrança que aprendeu na faculdade – note que você está doando seu tempo para obter renda fixa. Quanto vale uma hora de sua vida? Quanto vale uma hora de seu dom em serviço de outra pessoa? Quanto vale uma hora de sua competência técnica, anos de estudos e investimentos para ajudar essa pessoa?

Eu mesmo conheço um terapeuta que cobra por uma *intervenção* 2 mil reais. Essa intervenção pode durar trinta minutos ou duas horas, não importa, o fato é que ele cobra por um atendimento que vai até gerar o "clique" de que a pessoa precisa. Ele tem um método próprio e diversos executivos passam com ele. O processo todo custa 10 mil reais e dá direito a três a quatro encontros. Aí você me pergunta: se uma intervenção custa 2 mil reais, três encontros deveriam custar 6 mil reais e não 10 mil reais.

Para ele é muito simples, quanto mais tempo ele tem de investir, mais caro fica. O foco é resolver em uma intervenção, se a pessoa precisar de algo mais complexo, como cada intervenção possui tempo variável, o custo aumenta, sobretudo porque ele tem a agenda cheia e muitas vezes terá de deixar outros compromissos para garantir o atendimento na data agendada. Fora isso, como falei, ele cobra por *intervenção* ou por *processo*, ambos com orientação ao resultado.

Como ele tem confiança de que resolverá o problema e sabe que o *valor* de um problema resolvido é intangível, tem em mente quanto custa o mínimo necessário para ativar esse *valor* para seus clientes.

Por isso pergunto, qual é o *custo* para resolver um problema?

O *custo* para resolver um problema deve ser proporcional à percepção de *valor* que você pode gerar na pessoa que precisa de uma solução sua.

Vou dar outro exemplo, como você sabe já realizei diversos lançamentos de produtos que ultrapassaram 1 milhão de reais em um curto espaço de tempo (muitas vezes em dias). O fato é que tenho alta expertise nisso, e empresários, celebridades e pessoas de meu mercado me procuram para mentoria ou consultoria.

E hoje um programa de consultoria comigo custa em média 50 mil reais para três horas de atendimento e um *fee* sobre o resultado. Nesse período, eu direciono como o lançamento ou produto que entrará no mercado deve ser *ofertado*, mostro as falhas estratégicas e as falhas de definição de público-alvo para que assim o lançamento seja um sucesso (e muitas vezes crio uma nova estratégia do zero, pois faturar milhões com um produto é uma questão de *visão estratégica*).

Para você entender o processo: seleciono pessoas para passar pela consultoria comigo a partir de uma *aplicação.* A pessoa deve ser escolhida, não basta ter apenas o dinheiro. Trocar minha hora por dinheiro deve ser algo muito bem pensado, e a mentalidade de um criador de dinheiro deve estar na troca de valor entre ambas as partes, por isso utilizo uma política de remuneração mista (valor fixo + variável), e, sempre que abro a possibilidade de passarem por uma consultoria comigo (geralmente abro um fim de semana a cada semestre para somente quatro pessoas), existe fila de espera. Além disso, note que o valor *fixo* (50 mil reais) cobre meus custos gerais como locomoção, alimentação, infraestrutura entre outros, e o valor *variável*, é a renda residual que vou receber como pagamento do valor gerado.

O fato é o seguinte: existem compradores para todas as *faixas* de preço, então, você deve:

1. descobrir onde essas pessoas estão;
2. ter algo com alto valor percebido para que a pessoa esteja disposta a realizar esse investimento (entenda que esse valor percebido pode ser o portfólio, mas o verdadeiro pulo do gato está na *postura* e na *mentalidade* de forma que, mesmo sem portfólio inicial, você consiga cobrar o justo valor, afinal somente você sabe do que é capaz e ninguém tem o direito de dizer quanto sua hora vale a não ser você mesmo).

Na nova economia existem oportunidades de monetização em coisas (e a um preço) que nem existiam no passado, porque o valor está naquilo que pode ser entregue como solução. Vivemos em uma época em que se compra entretenimento, filmes, assinaturas, *standup comedy*, conteúdo. Muitas vezes o entretenimento e o conteúdo são soluções em si. Ou, como vemos no caso de blogueiros muito bem-sucedidos, eles recebem dinheiro para postar sobre um produto ou serviço, pois a audiência fiel resolve o problema de empresas que precisam ser divulgadas e não têm essa visibilidade, o que as torna dispostas a pagar alguém para ter isso.

Se você analisar a missão e a visão das empresas, verá com clareza que elas existem para resolver problemas de outras empresas e outras pessoas. Uma lanchonete como o McDonalds existe para que você consiga comer quando estiver com muita fome, com o detalhe da rapidez de serviço, oferecendo a comida com agilidade. O McDonalds pode ter muitas outras características, mas a principal é poder resolver um problema. O McDonalds, na verdade, não vende apenas lanche, mas sim *tempo*! No capítulo 6, sobre negócios, você vai compreender melhor isso.

Como ganhar dinheiro hoje?

Pois bem, acho que você já teve uma visão bastante clara sobre estratégias de monetização e agora quero compartilhar algumas alternativas para você começar a ganhar dinheiro com aquilo que sabe fazer.

Se se formou em Letras, por exemplo, além de trabalhar em uma escola possui competência técnica para revisão de textos. Se possui habilitação em inglês, pode, inclusive, trabalhar com tradução.

Se você se formou em Arquitetura, além de trabalhar em um escritório, pode criar projetos em Autocad, maquetes e plantas para profissionais e, até, para universitários que precisem de apoio.

Se você se formou em computação, pode desenvolver sites para as pessoas que estão lendo este livro, sabia? Afinal, elas precisarão começar a se posicionar e mostrar seu trabalho para o mundo.

Se é designer, além de trabalhar naquela agência que você conhece, ou até ter a sua, saiba que existe um mundo de pessoas precisando de logomarcas por aí.

O ponto aqui é bem simples, você precisa começar a ganhar confiança de que as pessoas estão dispostas a investir na solução de seus problemas e a pagar para que você seja o responsável por ajudá-las.

Um dos caminhos que você pode adotar neste momento, para começar a gerar renda extra, é fazer trabalhos pontuais. Então você me pergunta, "Rafa, mas onde vou encontrar essas pessoas, afinal?". Eu separei aqui alguns portais nos quais as pessoas *postam* aquilo de que estão precisando e você, com um simples cadastro, pode *postar* o problema que você resolve. Existem freelancers faturando mais de 10 mil reais por mês apenas vendendo seus serviços por meio dessas plataformas. É um excelente começo, sobretudo se você ainda está na faculdade ou precisa de renda complementar para seu atual emprego. Vejamos, então, alguns desses portais:

- Freelancer – Presente em mais de 248 países, tem quase 18 milhões de usuários cadastrados e é a maior plataforma de freelancers do mundo com 8 milhões de projetos postados nas mais diversas áreas e países.
  Profissionais: diversos
  Site: freelancer.com

- Upwork – Nascida com a fusão da Elance e Odesk com a Upwork, tem 10 milhões de freelancers cadastrados e 3 milhões de projetos postados nas mais diversas áreas e países.
  Profissionais: diversos
  Site: odesk.com ou elance.com
- 99designs – Voltado exclusivamente para designers, tem 900 mil usuários cadastrados e aproximadamente 50 mil projetos já foram abertos.
  Profissionais: designers
  Site: 99designs.com.br
- GetNinjas – É a maior plataforma de contratação de serviços do Brasil, desde aulas de dança e serviços domésticos até consultoria de economia e finanças. Possui mais de 150 mil profissionais cadastrados e em 2015 registrou 1 milhão de pedidos de serviços.
  Profissionais: diversos
  Site: getninjas.com.br
- Trampos – Além de freelas, o Trampos já ofereceu vagas nas cinquenta maiores agências de comunicação e publicidade do Brasil e é uma das principais referências para profissionais da área de tecnologia da informação e comunicação.
  Profissionais: publicitários, webdesigners, marketing, programadores, entre outros.
  Site: trampos.com

- Workana – Com 290 mil profissionais cadastrados já foram mais de 50 mil projetos publicados nas mais diversas áreas.
  Profissionais: diversos
  Site: workana.com.br
- Prolancer – Com 128 mil profissionais cadastrados no Brasil e mais de 17 mil projetos publicados, o Prolancer é focado principalmente para jobs e profissionais do mercado digital.
  Profissionais: programadores, engenheiros de software, webdesigners, marketing digital, entre outros.
  Site: prolancer.com.br

Estas são algumas das plataformas mais confiáveis do Brasil e do mundo. Existem outras que agora – ciente do caminho das pedras – você pode encontrar fazendo uma busca no Google, por exemplo.

No entanto, atente-se ao seguinte, antes de qualquer coisa, liste suas principais competências técnicas, unindo sua paixão e suas habilidades naturais. O que você teria prazer em ensinar? Das competências que possui, qual delas pode vender pelo maior valor? Nesses sites, quais são as necessidades com maior demanda? Você pode usar ferramentas como esta para ganhar o mesmo (ou muito mais) que no seu emprego trabalhando menos tempo.

Note que muito além dessas plataformas (que são um grande facilitador para conectar *necessidades* a *solução*), cada uma dessas pessoas está no mundo real (na faculdade, em seus trabalhos, nas ruas, no shopping, enfim). A partir de agora você deve assumir uma postura ativa e protagonista, ou seja, você deve ter:

1. um cartão de visitas com seus contatos e aquilo que você resolve (contador? advogado? engenheiro? arquiteto? professor de música?);
2. um perfil no Facebook, Linkedin etc. com uma foto bacana e postagens que aumentem sua credibilidade (não publique aquelas fotos com bebidas e festas pois vão prejudicar sua imagem – equilíbrio e bom senso são o segredo!); um blog ou página com informações sobre você, seu trabalho e suas atividades.

Enfim, você deve se mostrar para o mundo e estar sempre atento às oportunidades. Pergunte às pessoas como você pode ajudá-las. Fale para elas que você dá aulas de violão, que faz terapia para emagrecimento em seu consultório etc. Crie uma estratégia para isso, participe de grupos (virtuais ou não) nos quais as pessoas podem eventualmente contratar algo que você possa oferecer, sempre com bom senso e gerando primeiramente valor às pessoas.

Caso mande mensagens via Facebook, Linkedin ou até WhatsApp, prepare um script para que possa utilizar. Chamo esse script de influenciador instantâneo, pois primeiramente eleva sua *autoridade*, traz uma *referência* de alguém que o outro possa conhecer ou gostar, gera *valor* e finaliza com uma *ordem* (pois nosso cérebro precisa receber um comando para fazer algo que queira que aconteça). Veja só:

- Olá, [nome da pessoa], sou [seu nome], diretora da Beauty Estética [posição de autoridade].
- O Júnior [referência de um amigo conhecido da pessoa] me passou seu contato pois você estava buscando tratamentos para sua pele ficar ainda mais bonita [valor para a pessoa].
- Tenho uma última vaga na agenda da clínica para esta semana [escassez]. Me passe seus contatos para concluir seu agendamento.

ou

- Olá, [nome da pessoa], sou [seu nome], diretora da Beauty Estética [posição de autoridade].
- A Ivete Sangalo [referência de um conhecido; ou veículo de mídia famoso] acabou de falar que o peeling diamante é fantástico, temos esse tratamento aqui em nossa clínica e, como sei que está buscando tratamentos para sua pele ficar ainda mais bonita [valor para a pessoa], estou passando para falar que tenho uma última vaga na agenda da clínica para esta semana [gere sensação de escassez]. Me passe seus contatos para concluir seu agendamento.

Este é um script testado, que inclusive ensino com detalhe em minhas palestras. Substitua a profissão, o serviço e o valor gerado mas mantenha a estrutura. Algo importante a se atentar é sempre se apresentar com uma *posição* de *autoridade*. Pessoas tendem a ouvir muito mais a *diretora de atendimento* do banco do que a *atendente*, veja: "Olá sou a Carla, diretora de atendimento do banco X" *versus* "Olá sou a Carla, atendente do banco X". Inconscientemente, somos mais *submissos* a posições de autoridade, e pensamos: "Esta pessoa deve ser importante, tenho que ouvi-la". Esse pensamento faz com que você ganhe atenção instantânea da pessoa à qual está se dirigindo via mensagem, ligação ou até pessoalmente. Dominar esse tipo de técnica rara faz com que você tenha maior domínio do sistema.

Se você quer saber um pouco mais sobre como monetizar seus dons e melhorar seu posicionamento social você pode acessar gratuitamente uma palestra minha exclusiva para você que está lendo este livro:

www.rafaprado.com.br/bonus-celebridade-digital

Nessa palestra explico passo a passo como você vai construir autoridade e posicionamento utilizando mecanismos sociais para levar sua mensagem a milhares de pessoas e, como resultado, vender muito mais.

Para fecharmos este capítulo, quero lhe contar mais uma história de um brasileiro de sucesso que, ao tomar consciência de seus dons e colocá-los a seu serviço, tornou-se um grande sucesso.

Até onde suas habilidades podem levá-lo?

Você já deve ter assistido ao webhit "Entrevista com o estagiário", do pernambucano Murilo Gun. Ele se tornou nacionalmente conhecido por isso e deve ter tirado de você boas risadas. Gun começou sua trajetória no empreendedorismo criativo aos 14 anos criando seu site, e em 2014 foi escolhido para a Singularity University, uma iniciativa do Google com a Nasa que aceita as mentes mais inovadoras do mundo, para passar alguns meses estudando como impactar 1 bilhão de pessoas na próxima década. Foi ali, naquele mundo de doidos, que eu conheci Murilo Gun pessoalmente.

Astuto, percebeu seus dons logo cedo, já em 1995, tornando-se um dos pioneiros da internet brasileira ao criar sites de entretenimento e ganhando, por duas vezes, o prêmio iBest de melhor site pessoal do Brasil. Aos 14 anos, foi entrevistado no programa do Jô Soares e iniciou sua carreira de palestrante especializado em internet. A partir daí criou o CD-ROM "Criando Home Pages", o primeiro treinamento para criação de sites, em parceria com a Mundi Multimídia.

Ele conta que aos 12 anos ganhou um computador pessoal e isso deu a oportunidade de tentar muito, estudar muito sobre internet, e criar pequenas coisas naquele ambiente que o encantava. Enfim, era a criatividade de uma criança, nesse momento aliada a uma economia que nascia com a chegada da internet comercial no Brasil.

Gun criou empresas especializadas na criação de sites e foi o primeiro a conceber um site de pedidos de comida pela internet, o "Peça comida". Formou-se em Administração de Empresas (UPE) em 2006, fez MBA em Gestão de Negócios no IBMEC, em 2008, e cursou *comedy writing* em Nova York.

Então, começou a se aprofundar no estudo e exercício da criatividade, criando cursos para a Perestroika, e a trabalhar com *stand-up comedy* em 2016. Por conta da sua experiência empresarial, especializou-se em eventos humorísticos corporativos, e produz shows e conteúdos para a internet que facilmente se viralizam. Murilo já fez muito, mas ele afirma que percebeu que sua vida realmente mudou quando entendeu que era possível entregar conteúdo relevante com humor, juntando suas maiores paixões: criatividade, empreendedorismo e comicidade. A partir daí, sua carreira passou a fluir e ele ajudou muita gente.

Hoje Murilo ministra cursos pelo Brasil inteiro sobre como ser mais criativo, e usa a criatividade para passar conceitos e palestras de forma que gere entretenimento enquanto informa as pessoas. Durante uma entrevista à revista *ProNews*,[4] em 2014, ele afirmou ainda que, além disso, a maior contribuição da Singularity University para a sua carreira foi descobrir que é possível fracassar e continuar (e que isso é parte do jogo). Ele afirma:

> O Brasil tem muitas mentes pensantes e projetos tecnológicos interessantes. O que sinto falta é a "cultura do fracasso" que existe no Vale do Silício. Aqui, o fracassar é muito malvisto. Lá, fracassar é parte fundamental do caminho para um sucesso. Se um cientista/empreendedor brasileiro ousar em fazer algum tipo de inovação, ele vira piada: "coisa de brasileiro". Isso parece besteira, mas é um grande desestímulo à inovação. Inovação é um processo de tentativa e erro.

Despedir-se do medo e entender como você pode vender sua criatividade para as pessoas são os primeiros passos para deixar a criatividade acontecer.

---

4 Disponível em: http://www.murilogun.com.br/wp-content/uploads/2014/12/Perfil-Murilo-Gun-Revista-ProNews-n175.pdf. Site da revista: http://www.revistapronews.com.br/. Acesso em: 22 fev. 2016.

▼ Muito bem, agora você está preparado para ir mais longe e por isso, ao responder cada uma das questões a seguir, você aquecerá mais 15 graus e alcançará 60 graus de ebulição:

1. Com base em suas habilidades e competências, faça uma lista de pelo menos sete produtos, serviços e/ou oportunidades baseadas nas necessidades básicas da pirâmide de Maslow (fisiologia, segurança e relacionamento) com que você estaria satisfeito em ofertar para potenciais clientes (por exemplo: coaching para emagrecimento etc.)
2. Com base em suas habilidades e competências, faça uma lista de pelo menos sete produtos, serviços e/ou oportunidades que você estaria satisfeito em ofertar para potenciais clientes com base nos níveis superiores da pirâmide de Maslow (estima e realização pessoal) (por exemplo: aulas de violão etc.)
3. Para cada um dos produtos, serviços e/ou oportunidades definidos nos exercícios 1 e 2, defina o preço médio pago no mercado e o justo preço que você acredita que deveria ser remunerado com base no *valor* que somente você pode gerar. Observe se existe alguma diferença entre ambos.
4. Acesse cada um dos sites de oportunidades de serviço listados neste capítulo (por exemplo o GetNinjas) e pesquise se existem pessoas que precisem de algum dos catorze produtos, serviços ou oportunidades que você pode ofertar. Caso não encontre especificamente um deles, pesquise quais necessidades demandadas mais se aproximam daquilo que você pode resolver.
5. Ainda conectado aos sites de oportunidades de serviço, assuma uma postura ativa e cadastre-se gratuitamente em pelo menos cinco deles e crie uma oferta daquilo que você sabe fazer. Faça uma oferta cobrando o preço médio de mercado e outra postagem cobrando o preço justo pelo valor que você pode oferecer. Compare os resultados.
6. Com base no script — influenciador instantâneo — crie seu próprio script e envie para cinquenta pessoas de suas redes sociais ofertando seu principal serviço/produto. Segue um exemplo:

Olá, Fulano,
não sei se você está me acompanhando mas estou como diretor geral da Music, escola de violão [posição de autoridade].
O Beltrano [referência de um amigo conhecido da pessoa] me passou seu contato e disse que você era apaixonado por música e que estava louco para aprender violão [valor para a pessoa].
Saiu na Globo recentemente [referência de um veículo de mídia famoso] que pessoas que tocam violão melhoram a saúde mental e os relacionamentos familiares [valor para a pessoa].
Tenho uma última vaga para a turma deste semestre [escassez]. Me passe sua disponibilidade nesta semana para marcarmos uma visita à escola. ■

6 CAPÍTULO

O JEITO SIMPLES DE CRIAR NEGÓCIOS MILIONÁRIOS

Nascido em 1902, filho de imigrantes tchecos, ele foi motorista de ambulância durante a Primeira Guerra Mundial, mas sequer saiu do solo norte-americano para viver essa experiência. Depois tentou a vida como pianista, vendedor itinerante, até conhecer um homem que havia inventado um multiprocessador capaz de misturar cinco *milk-shakes* ao mesmo tempo. Ele viu uma oportunidade na invenção e comprou os direitos da máquina, assim, passou os dezessete anos seguintes da vida viajando pelos Estados Unidos para fornecer o multiprocessador para restaurantes e comércios.

Como acontece com qualquer negócio, durante os anos 1950 o multiprocessador já estava sendo superado pela ascensão do mercado de refrigerantes industrializados, deixando-o à beira da falência, mas, novamente, outra coisa havia ganhado sua atenção: uma lanchonete de dois irmãos na Califórnia havia feito um incrível pedido de oito multiprocessadores. Impressionado pelo sistema de atendimento rápido e pelos preços baixos da lanchonete — um verdadeiro fordismo da alimentação, algo que poderia ser a visão do futuro do ramo de alimentação — reconhece ali uma nova oportunidade. Na época as lanchonetes norte-americanas eram sinônimo de sujeira e de comida pouco confiável, e o sistema criado por aquela lanchonete oferecia atendimento rápido, produto padronizado (ou seja, não poderia piorar dependendo do humor do chapeiro) e preços inacreditáveis.

Ele tentou convencer os irmãos a expandir o negócio, mas não teve sucesso, e conseguiu chegar a um acordo para vender franquias, repassando parte dos lucros aos irmãos que já viviam confortavelmente e não desejavam trabalhar mais. Esse cara foi Ray Kroc e os irmãos de quem estou falando são os McDonalds. Se não fosse por Kroc, nem eu nem você saberíamos o que é um Big Mac invenção de um dos franqueados, que Kroc fez questão de apoiar e repassar para o sistema inteiro do McDonalds.

Antes do sucesso, Kroc tinha dado muito errado, o fracasso já havia chegado, ele provavelmente não conseguiria mais se sustentar com máquinas de *milk-shake* e já estava com 50 anos, era tudo ou nada! Ele impulsionava não só a sua carreira, mas a dos franqueados – que era um sistema de expansão extremamente inovador e rentável, levando a rede a atingir um crescimento estrondoso.

Anos mais tarde, depois de diversas jogadas empresariais, Kroc finalmente conseguiu comprar a parte dos donos originais (pelo que era na época uma quantia absurda,[5] mas que hoje parece pequena perto do faturamento do McDonalds). Kroc, que até os 50 anos não havia atingido muito sucesso, mudou a forma como os norte-americanos se alimentam, criou um novo paradigma de produtividade e gestão, estabeleceu os parâmetros das redes de *fast-food* influenciando a sociedade ocidental de formas que ele mesmo não imaginava. Improvável, não?

Pois bem, este capítulo é sobre tudo aquilo que você precisa saber a respeito de negócios e gestão. Kroc era um empreendedor nato e sua paixão e persistência criaram um dos sistemas mais lucrativos do mundo no ramo alimentício. Note que, curiosamente, o McDonalds resolve problemas da base da pirâmide de Maslow – a necessidade de comer – mas, com um diferencial competitivo. No mundo futuro, Kroc estaria resolvendo o problema de *tempo*. Muito mais do que comida, Kroc estava vendendo *tempo* para seus consumidores ao entregar lanches em menos de três minutos. Muito mais do que isso,

---

5 Foi 1 milhão de dólares para cada sócio (hoje equivalente a 2,7 milhões de dólares), segundo Rhymer Rigby no livro *28 mentes que mudaram o mundo*.

sua rede de franqueados garantia algo que defino como o coração do *sistema* e de sua futura independência: renda passiva de negócios!

Mesmo não operando diretamente centenas de lanchonetes espalhadas pelo globo, cada uma das franquias era capaz de gerar renda para Kroc. Então, você me pergunta, como isso tudo funciona? Qual a estrutura por trás disso? E por que eu preciso saber sobre isso? A seguir, você terá todas as respostas.

O segredo dos negócios de sucesso

Você já mudou sua mentalidade e descobriu que com suas habilidades e competências pode *criar* dinheiro, afinal existe uma série de pessoas precisando de seus produtos e serviços. No entanto, isso pode lhe garantir dinheiro e sucesso no curto prazo, porém, se você deseja crescer e estar a frente de 90% dos empreendedores contemporâneos, deve criar um *negócio.*

Criar um negócio não significa abrir uma empresa e ter CNPJ, o que na maioria dos casos faz com que você tenha uma empresa de um único homem/mulher, as chamadas EU S/A (e caso alguma coisa ocorra contigo, inclusive uma gripe, pode prejudicar seu fluxo de caixa).

Criar um negócio significa ter uma estrutura capaz de gerar renda para você de maneira passiva. Significa você ter outras pessoas com os mesmos dons e habilidades trabalhando por você mesmo quando estiver viajando pelo mundo.

Imagine ter a tranquilidade de que, se um dia você não quiser mais fazer atendimentos, palestras ou dar aulas, mesmo assim existe uma estrutura geradora de renda capaz de transformar vidas e ajudar as pessoas com base naquele dom primário que antes você remunerava diretamente.

Imagine poder viajar com sua família, ter mais tempo para seus filhos, não se preocupar com gestão ativa pois você plantou algo tão sólido no passado que agora pode usufruir desses frutos e continuar enriquecendo.

Imagine ter *decisão* de *escolha*. Trabalhar por prazer porque você assim escolheu e não apenas *sobreviver* ou ser obrigado a ir todos os dias ao escritório e se tornar um prisioneiro de si mesmo.

Pois bem, isso tudo é possível e vou, primeiramente, passar para você os quatro eixos para a criação de um negócio:

1. identificação de oportunidade;
2. criação de um plano mestre;
3. execução do plano; e
4. oferta dos produtos e serviços.

Identificação de oportunidade

Todo e qualquer negócio nasce a partir de uma oportunidade para resolução de algum problema. Com base nos capítulos anteriores você entendeu que suas habilidades e competências são o combustível para a geração de renda. Isso porque suas habilidades e competências resolvem o problema de alguém.

Excelente, o primeiro passo foi dado! Acontece que você já identificou uma oportunidade e a partir de agora quero fazê-lo refletir sobre a operação estruturada dessa oportunidade na nova economia.

Sazonalmente passamos por períodos de crise. Em 2001, com a queda das torres gêmeas a tensão terrorista e bélica levou a uma crise global. Em 2008, a crise imobiliária norte-americana afetou bancos do mundo inteiro, fazendo inclusive a Europa entrar em recessão. Em 2015, devido a problemas políticos e institucionais, o Brasil sofreu com a falta de controle da inflação, o aumento da taxa de desemprego e o aumento do risco-país por conta do cenário de incerteza, resultando na perda de bilhões em investimentos externos e crescimento negativo de nossa economia.

Estudos mostram que a especulação de crise intensifica ainda mais a sensação de falta de segurança nas pessoas. Isso gera o seguinte efeito: mesmo que as pessoas tenham dinheiro para investir, elas ficam resistentes ao investimento pois não sabem o que vai acontecer amanhã. E quando parte dessas pessoas fica sem dinheiro (principalmente devido a uma demissão no trabalho ou por falta de capital de giro para sua empresa, talvez você conheça alguém que está passando por isso neste momento), vem o desespero fazendo com que tomem decisões precipitadas, como venda de imóveis, carros ou mesmo empréstimos sem negociação e planejamento.

No entanto, ao contrário do que muitos pensam, isso também gera uma importante janela de oportunidades para criação de negócios.

No capítulo 2 você viu que é um *criador* de dinheiro. Neste capítulo quero que você entenda que a partir de seus *dons*, você vai se tornar um *criador* de *negócios* para gerar dinheiro. Não existe crise para pessoas perspicazes, mas sim oportunidades disfarçadas que poucos serão capazes de identificar.

Tome posse de uma das armas mais poderosas que lhe ensinei no capítulo 3, a blindagem mental. Ter uma mente blindada significa não ser emocionalmente afetado por situações adversas, mesmo quando tudo parece ir por água abaixo. E quando falo em objetivos concretos, refiro-me a ter muito claro o que cada pessoa deseja para si em relação a suas finanças, qualidade de vida para sua família, segurança... Imagine como seria maravilhoso passar por este momento com a certeza de que seus negócios vão bem, de que seus filhos, sua esposa ou seu marido estão seguros, felizes e despreocupados.

O que quero dizer é que, agora, quem tem visão faz com que sua demissão no trabalho seja uma oportunidade para investir em um negócio próprio. Faz com que as quedas em vendas de seus produtos ou serviços façam com que seja a hora de aumentar o poder de barganha com fornecedores e inclusive expandir seu negócio com um novo portfólio de produtos ou abordagem de marketing.

Existe muita gente fazendo fortunas em momentos de instabilidade, justamente porque o mercado se torna extremamente aquecido em relação a oportunidades de compra e venda de negócios, exportação, investimento em imóveis entre outros setores.

Talvez quem está lá fora esteja neste momento com receio, com uma insatisfação enorme no coração mas com muitas dúvidas. Já passei por isso e sei que você também...

Warren Buffett, um dos homens mais prósperos do mundo, já dizia: no mercado financeiro um dos melhores momentos para comprar uma ação é quando ela está na baixa! Esta é uma das máximas do mercado financeiro, e o que se esquece muitas vezes é que é possível criar muito dinheiro quando o mercado está em queda!

Não existem ganhos expressivos sem riscos. O mais engraçado é que hoje o mundo está percebendo que também não existe segurança em um emprego, ainda que seja um emprego público — e que empreender é, sim, uma opção inteligente para gerar renda complementar ou primária.

Países de primeiro mundo têm muito mais empreendedores por isso, pois as pessoas compreenderam que a melhor forma de segurança é o protagonismo. Criar e expandir projetos, ideias e negócios, não existe mal nenhum em empreender, ser bem-sucedido e feliz. Pelo contrário! Está na hora de rompermos esse "culto ao fracasso" e nos tornarmos protagonistas!

Plano mestre

A palavra de ordem para mitigar o "risco" que todos temem se chama "Planejamento".

Grandes ganhos exigem certo risco, mas o mais curioso é que, quando você identifica uma oportunidade e cria um plano mestre para sua execução, os riscos diminuem absurdamente!

Planejamento é a alma para a criação de processos e sistemas em uma organização. Não é porque seu negócio fatura 1 milhão de reais hoje que ainda vai faturar o mesmo amanhã. Isso é muito sério, e empreendedores iniciantes não entendem isso. Isso diz respeito até a sua carreira em uma empresa! Sem planejamento você não será promovido e muito provavelmente se tornará dispensável se não continuar se atualizando e se desenvolvendo.

Como você viu no capítulo 3, no qual falamos sobre nova economia, existem jovens criando muito dinheiro com a internet, o YouTube, o Google ou mesmo produtos digitais, porém, esta é uma onda passageira, caso não seja planejada uma estrutura de negócios capaz de gerar ganhos no curto, médio e longo prazos. Esses jovens possuem renda, mas não possuem um negócio.

O primeiro passo para iniciar um negócio ou expandi-lo aumentando seu faturamento e suas receitas diz respeito à criação de um plano mestre. Segundo o Sebrae, aproximadamente 27% das empresas abertas fecham no primeiro ano e apenas 42% das empresas abertas sobrevivem até o quinto ano. Muito se deve à falta de um plano mestre e de apoio de empresários experientes direcionado para onde o negócio deve seguir.

Para mim, o plano mestre deve trazer uma visão objetiva de execução, afinal, como disse, o tradicional "planejamento estratégico", sobretudo quando se trata de negócios iniciantes, estrutura-se sobre teorias, números imaginários, e isso vai contra o sucesso de qualquer negócio que na verdade precisa de *track record* (histórico) e resultados empíricos para criar um "planejamento estratégico" digno de respeito. Negócios iniciantes precisam de muito suor, fé inabalável e um plano simplificado orientado à execução, que é o eixo seguinte.

Execução

Quando falo de execução, tem uma palavra importante que gosto de colocar em conjunto: *agilidade*. Jovens empreendedores perdem investimentos milionários em suas ideias de *startup* por falta de agilidade na execução de seus planos mestres. O mesmo acontece com milhares de pessoas que hoje estão pensando em empreender suas ideias, mas, por conta da crise, estão receosas, enquanto, na verdade, esse receio está apenas atrasando a execução de seu negócio milionário.

Pois bem, existe um conceito chamado *speed of implementation*, ou velocidade de implementação, e significa simplesmente que, no mundo em que vivemos, o que importa é quão rápido você implementa sua ideia, e imagino que você já teve várias que deixou passar. Muita gente passa por isso: tem uma ótima ideia, conversa com os amigos, a vida entra no caminho com listas e tarefas e, quando vai pensar nessa ideia de novo, é porque viu alguém que fez antes dele.

É importante implementar o que você pensou o mais rápido possível, mesmo que não seja com o planejamento perfeito ou a estratégia perfeita, pois é na implantação que você entende o que falta ali. Seja eficiente para errar rápido, se for para errar. Na primeira vez que fui para o Vale do Silício conhecer outros empreendedores, eu mal tinha um negócio. No entanto, sabia que era melhor ir do que não ir, uma vez que me aproximaria do meu sonho e não o contrário. Afinal, quando tenta algo e falha, você se conhece mais, e a partir daí, já sabe algo novo sobre si mesmo. Assim, quando já tem esse conhecimento pode partir para a próxima ideia sem medo.

Oferta irresistível

Para uma empresa, a oferta irresistível está diretamente relacionada a:

1. inovação para resolução de problema;
2. percepção de valor;

Em minha convivência com CEOs e empresários de sucesso internacional, entendi que a palavra de ordem dos negócios centenários é *recorrência*.

Muitas empresas focam em vender, porém esquecem de fidelizar, o que é uma falha dentro de seu modelo de negócios.

Um cliente custa dez vezes mais caro para ser "reconquistado" caso desista de sua empresa e custará novamente a mesma importância se você tiver de convencê-lo toda vez a comprar de você. Entretanto, já pensou que esse mesmo cliente poderá custar nada nas próximas compras caso o mantenha fidelizado em suas ofertas?

Não pense em oferta irresistível apenas como mensagem de marketing! **Inovar na solução de um problema** diz respeito ao que você faz diferentemente de sua concorrência para resolver o mesmo problema. A Zappos, por exemplo, se tornou um modelo de negócios bilionário e uma das empresas mais estudadas no mundo devido a sua qualidade de atendimento por inovar na forma de "oferecer" a prova de sapatos, entregando-os na casa de seus potenciais clientes sem custo. Isso está ligado diretamente à experiência do usuário. Essa simples solução fez com que a pessoa que precisava de um novo sapato não precisasse se locomover até uma loja física para então efetuar a compra, resultando numa **percepção de valor** que na verdade seria o *tempo* (lembra do que lhe falei sobre o McDonalds?)

Muito mais que vender sapatos, a Zappos vende *tempo, praticidade, confiança.* Sua empresa se tornará um negócio milionário quando, além de vender seus produtos, vender algo de valor extremamente precioso para quem está em seu estabelecimento comercial. A Rolls Royce, além de um motor potente, por exemplo, vende Luxo/Status, a Harley-Davidson vende liberdade, o McDonalds vende tempo, e tudo isso está diretamente ligado à percepção de valor de seu público-alvo.

Especificamente sobre percepção de valor, tem um conceito de que gosto muito que é o conceito de butique. Você adota uma postura premium de atendimento sobretudo a clientes exclusivos e pessoalmente se dedica a esses clientes. Ainda que você possa perder escala, como trabalha com público exclusivo, os ganhos de reputação e relacionamento podem ser valiosíssimos no longo prazo.

Talvez você conheça a Camargo Alfaiataria, hoje presente em São Paulo e em alguns outros estados do Brasil, destaque entre as melhores alfaiatarias do país. Acontece que o João Camargo possui uma forma diferenciada de atendimento com sua atenção, conexão com cada cliente e preocupação com o *lifestyle* de cada um. Ele conseguiu conquistar clientes, como Silvio Santos, artistas da Globo e CEOs de grandes multinacionais. Seu slogan é "Atendimento exclusivo para amigos exclusivos", e assim o cliente sai da figura de cliente e passa a ser um amigo de seu atelier.

O atual presidente da área empresarial e societário da Ordem dos Advogados do Brasil (OAB), Flavio Paschoa, é considerado um dos melhores advogados de São Paulo. Como é presidente de uma das áreas da OAB, seu escritório recebe inúmeros pedidos de processo, mas ele também se preserva como butique e decidiu manter atendimento personalizado em seu escritório e em algumas sedes espalhadas pelo Brasil. O primeiro contato é sempre com ele ou seu sócio, ao contrário de grandes escritórios que levam um nome forte, mas os donos não atuam no escritório e muitas vezes existe toda uma burocracia de envolvimento de milhares de especialistas sênior, júnior, pleno, enquanto suas horas estão sendo planilhadas para lá na frente você fazer acertos estratosféricos (sim, já passei por isso e não recomendo).

Ambos, Camargo e Paschoa, decidiram manter seu padrão de qualidade e personalização dando maior atenção para seus clientes exclusivos. Em relação à percepção de valor, isso não tem preço. Eu particularmente faço o mesmo, para mim é muito importante, sobretudo durante a fase inicial do processo, estar presente com meus clientes, pessoalmente, como demonstração de preocupação e cuidado, pois me preocupo com esses valores.

E você, o que vende? O que sua imagem pessoal vende atualmente? O que seu negócio vende? Sua solução deve buscar o que se conecta emocionalmente a seus potenciais clientes, e quando cada um desses fatores se somam tornam seu negócio irresistível.

Muito mais do que isso, sua *oferta* existe para um único objetivo: *gerar vendas*. Para tanto, você precisa publicizar sua oferta da mesma maneira que expliquei no capítulo de monetização.

"Não adianta ter um ótimo produto! As pessoas precisam saber que você tem um ótimo produto!" Sem a divulgação de sua mensagem você não conseguirá ser visto, tampouco despertará interesse de compra de seus produtos e serviços.

Sir Richard Branson, quando fundou a Virgin, aparecia na mídia com ações ousadas como cruzar o mundo de balão, pular de paraquedas, entre outros esportes de risco, para chamar atenção à sua marca que estava crescendo.

Sua criatividade foi responsável por tornar a Virgin Airlines uma das maiores companhias aéreas do mundo, explorando fortemente o poder do marketing e da publicidade. Você que tem uma empresa e ainda não investe nesse setor, esta é a hora de refletir como sua empresa é vista no mercado.

Expandir sempre!

Talvez ao ver toda essa estrutura você tenha ficado com certo receio e principalmente medo de errar. E, de fato, muito provavelmente você cometa erros no percurso, mas quando estive na Google, no Vale do Silício, ouvi uma frase que para eles é um lema e me marcou muito: "Peça desculpa, mas não peça permissão". A expectativa da Google e de diversas outras *startups* do Vale do Silício é de que seus colaboradores, sócios e parceiros possam agir sem medo de errar. Michael Jordan foi o cara que mais acertou cestas no NBA porque, ao mesmo tempo, foi quem mais errou.

Cada erro, cada decisão, cada acerto, gera em você memórias, experiências que são constantemente usadas em milésimos de segundo gerando aquilo que chamamos há pouco de intuição. Para você ter ideia, cada um de nós tomamos, em média, 100 a 1.200 decisões diariamente, e muitas delas nem tomamos consciência. A forma com que você lida com seu dia a dia, e a forma com que recebe experiência diz respeito ao modo como você treina seu cérebro para tomar decisões.

Um empresário de sucesso entende isso, e, se você quer sucesso, deve começar a levar em consideração isso que estamos conversando, afinal, você é o centro de todo esse processo.

Se você sucumbir ao medo, não tiver foco, disciplina e deixar de investir na maestria de suas habilidades bem como mudança de antigos hábitos, não vai ter o resultado que espera.

Ninguém que faz a mesma coisa o tempo todo tem resultados diferentes. Freud chamava isso de insanidade...

O importante não é, por exemplo, estudar muito por um dia, mas sim estudar muito todos os dias. Somente assim você terá ganho incremental. Essa é a lógica dos juros compostos, os juros sobre juros. Lembra da filosofia do 1%? Pois bem, passou da hora de aplicá-la.

Para expandir, você vai precisar de tudo isso além de aplicar três pontos essenciais:

1. processos automatizados;
2. sucessão;
3. monetização.

Processos automatizados

Você deve conhecer muita gente que decidiu empreender para ter mais tempo e dinheiro, mas que hoje só quer chegar ao próximo mês e não tira férias há anos. É algo muito comum. Pior do que isso, em nome do sonho, esses empresários se tornam escravos de um negócio que nem dinheiro dá! Primeiro, acharam que ficariam ricos fazendo alguma coisa pioneira, mudando o mundo, com controle de seus horários. Nem muito tempo precisa passar para desistirem de tudo para apenas ganhar dinheiro, se der. E pior: para ganhar algum dinheiro, que nem é muito!

Hoje existe uma moda de falar "monte a sua empresa, tenha tempo livre e ganhe muito dinheiro".

O fato é o seguinte: minha primeira empresa faliu exatamente por conta disso! Eu não tinha processos, íamos fazendo tudo por intuição e aprendendo no meio do caminho. Chegou um momento que não era mais possível fazer tudo de maneira intuitiva, e o pior tudo dependendo dos sócios sem funcionários comprometidos com suas respectivas atribuições.

Muitos dos funcionários eram amigos nossos, alguns *freelancers*, e queríamos ser uma empresa nacional!

Talvez este seja um jeito de começar um negócio, mas percebi que não é um modo para consolidar e expandir um negócio. Falo por experiência própria e pela observação de diversos amigos que acabaram destruindo suas empresas pelo mesmo motivo.

Pode até parecer besteira, mas isso também acontece com a carreira das pessoas.

A maioria das pessoas leva sua carreira de maneira intuitiva, sem um plano sólido sobre aonde deseja chegar e quais passos deveria percorrer para isso.

Existe uma minoria de executivos e empresários de sucesso no mundo, pois existe uma minoria disposta a criar um plano mestre na própria vida e nas empresas.

Na época, minha principal função era a comercial e também desempenhava atividades de gestão de projetos e me ocupava nisso enquanto um dos sócios focava no desenvolvimento de sistemas.

No entanto, percebi o seguinte, o sucesso desse antigo negócio dependia essencialmente do fator humano (negociando contratos novos) e de especialistas para entregar aquilo com que nos comprometíamos em contrato.

A equipe começou a crescer e consequentemente nossos custos, e algo de que eu não havia me dado conta é o seguinte: todo mês eu precisava de novos contratos (não havia recorrência).

Imagine você ter uma equipe de dez pessoas e não ter fluxo de caixa (recorrente), pois todos os projetos terminaram e você não fechou novos projetos!

Eu não entendia nada sobre fluxo de caixa, mas foi ali que descobri que sua ausência pode falir uma empresa.

E em minhas conversas com grandes empresários com que hoje tenho contato, aprendi o seguinte: ou você trabalha operacionalmente no seu negócio ou você faz seu negócio crescer e traz dinheiro para dentro de casa.

Ou seja, se você está ocupado demais executando uma função operacional, não tem tempo para *pensar* em como fazer seu negócio crescer, e o mesmo serve para sua carreira, caso não queira ser uma empresária!

Seu negócio não pode ser um emprego de 24 horas! E isso somente vai acontecer se você tiver duas coisas: processos automatizados e pessoal treinado para assumir suas funções a partir de um processo de sucessão ou simplesmente delegação de tarefas.

À medida que seu negócio crescer, para expandi-lo você precisará definir muito bem seus processos e posteriormente automatizá-los com o apoio de pessoas e tecnologias (por exemplo: softwares de gestão).

De forma prática, você precisará transformar aquela atividade em um conjunto de regras que funcionam praticamente sozinhas. Essa automatização permite que, ao apertar um botão, os suprimentos comecem a chegar, a linha de produção funcione no ritmo necessário para fazer a entrega, os pedidos sejam despachados na data prometida.

E isso se estende, inclusive, para a descrição de atividades de seus funcionários. Você precisa saber claramente o que cada um faz e qual impacto terá caso um de seus recursos saia da empresa.

A criação de processos e sua automação aumentam a segurança de sua empresa fazendo com que você ganhe *musculatura empresarial*, ou seja, a sua capacidade de produzir o necessário para atender sua demanda, de forma que seja possível escalar sua operação tendo visão clara de potenciais gargalos.

Sucessão

Em 2012 fiz uma imersão no Vale do Silício, nos Estados Unidos, e ficou bem claro para mim o verdadeiro significado de sucessão: todo empreendedor precisa ter um plano de saída.

Quando um investidor analisa um plano mestre, ele deve saber qual é o plano de saída do fundador (e não aqueles números mentirosos). Você precisa ter uma visão realista de que essa empresa – ou o jeito como ela é hoje – não é para sempre.

Uma empresa tem a fase do nascimento, a fase do crescimento e, depois, a fase do desligamento. Ela tem de funcionar a contento, a ponto de dispensar o sócio que a criou e se tornar maior do que ele.

E o sócio deve estar preparado para isso. Não sei se você já ouviu, mas existe uma frase que fala sobre o "amor do criador pelas suas crias"; no caso de um negócio, esse amor deve existir para conceber novas ideias que serão implementadas em grandes projetos, porém, o desapego é essencial para que a fase de desligamento ocorra, de forma que a empresa possa receber investimentos externos, ser gerenciada por um executivo e crescer.

Quando trazemos isso para o dia a dia da operação (sobretudo de operações escaláveis), sucessão se transforma em ***delegação***.

Você provavelmente conhece aquele funcionário (ou colega de trabalho) que deseja ser imprescindível em determinada função. E, apesar do que lemos por tantos anos em revistas de carreira e gestão, esse é o maior erro de alguém que deseja chegar ao topo.

Se você for imprescindível, o melhor naquela função, é muito arriscado para seus superiores o tirarem dali. O pensamento é o seguinte "quanto tempo vou levar para encontrar outro João?". "Vale a pena arriscar o desempenho de minha equipe para eu promover essa pessoa a líder?"

Parece mesquinho, mas é a verdade.

Para crescer de forma mais rápida, você não deve ser o melhor especialista, mas o maior reprodutor de conhecimento e treinamento de novos especialistas!

O mesmo se aplica se você é dono da empresa. Você precisa aprender a *delegar*, somente assim começará a gerar renda passiva de negócios!

Monetização

Numa estrutura empresarial, por sua vez, existem basicamente três modos de ganhar dinheiro.

O primeiro é seu pró-labore. Nesse caso, quando você é um sócio administrador, que opera o dia a dia de sua empresa, recebe um "salário" pela sua dedicação às atividades. Esta é sua renda fixa mensal.

O segundo são seus dividendos, que diz respeito à distribuição dos lucros de sua empresa entre os sócios, sendo que essa divisão pode ser mensal, semestral ou anual, a depender do que foi predefinido em seu contrato social.

O terceiro modo de ganhar dinheiro é pela valorização da empresa. Se você começa uma empresa que vale 50 mil reais e, no ano seguinte, ela vale 100 mil reais, você dobrou seu capital porém receberá esse montante somente a partir de sua venda.

Daí, você me pergunta: e como isso funciona? Por exemplo, se a empresa possui capital aberto, suas ações são negociadas todos os dias na Bolsa de Valores. Nesse caso, o valor da ação é uma medida da valorização da empresa, porque cada ação é um pedacinho da empresa. Se a empresa é fechada, o cálculo é menos direto. Os economistas usam algumas fórmulas para estimar quanto vale uma empresa com base no lucro que ela dá anualmente, em quanto ela consome de mão de obra ou de matéria-prima, se o produto é obsoleto, variáveis como essas. Outra coisa que conta muito é o valor intangível. Por exemplo, a Apple tem uma marca lembrada no mundo todo. Se alguém quiser comprar a empresa, vai pagar também por isso. Então, se o seu trabalho faz com que a empresa fique famosa, ganhe reconhecimento, fãs, ele está ajudando a valorizar a empresa.

De qualquer forma, a primeira regra para monetizar o seu negócio é entender que você precisa criar dinheiro com ele. É essencial ter prazer em ajudar os outros, mas é igualmente fundamental entender que, se este é seu negócio ele deve gerar lucro. Ofereça muito e aproveite a automatização para sempre ampliar a escala de vendas. Precifique e tenha diversas ofertas e bônus para oferecer aos seus clientes. Parece absurdo, mas a maior parte não pensa que seu negócio precisa fazer dinheiro.

Pois bem, você recebeu aqui o essencial para começar a pensar na estrutura de negócios.

Se você quer ir mais a fundo e entender como escalar seu negócio para gerar muito mais renda passiva de negócios, assista a palestra exclusiva que preparei para você no link abaixo:

www.rafaprado.com.br/bonus-negocio-de-sucesso

Este conteúdo será essencial para você operacionalizar o **sistema** e escalar seus ganhos em vez de ganhar apenas pela remuneração direta pelo uso de suas habilidades e competências. Num nível avançado, essa estrutura de negócios deve gerar renda passiva de negócios e vou explicar isso com detalhes nesta palestra e ao longo do capítulo 8. Por agora quero que conheça o case do empresário serial e juiz do UFC Mario Yamasaki, que aplicou cada uma dessas estratégias para criar negócios pelo Brasil e pelo mundo.

Negócios do coração

Uma das histórias mais inspiradoras com que já tive contato é a do juiz de MMA, que já arbitrou diversos eventos de UFC, empresário e palestrante motivacional Mário Yamasaki. Ele já nasceu sob a influência dos tatames, com seu pai, Mário Shigueru Yamasaki, que também foi árbitro. Ele desenvolveu sua vida em torno das artes marciais, tendo decidido ir para os Estados Unidos com pouco dinheiro (na época, mil dólares) e sem falar inglês. Ele queria apostar em ser professor em outro lugar, e não encontrava academias norte-americanas de judô – e diz que ninguém conhecia jiu-jitsu na época. Sem opções, conseguiu um emprego de entregador do *The Washington Post*, e logo depois como entregador de computadores durante o dia, somando dois empregos.

A vida nos Estados Unidos era difícil, e teve empregos diversos como motorista de caminhão e garçom. Em 1993 o UFC vai para a televisão e em 1994 ele tenta novamente abrir uma academia - já havia tentado em 1989, mas, como não falava inglês, não deu certo. Fez todos os panfletos, entregou de casa em casa, e teve apenas oito pessoas na inauguração da academia. Quatro amigos e quatro clientes que vieram pelo panfleto.

A persistência e o trabalho diário, além do espírito empreendedor, fizeram com que hoje ele tenha nos Estados Unidos uma rede de quinze academias, cada uma com mais de 400 alunos — e se tornou o único árbitro brasileiro de UFC. Ao todo são dezoito academias espalhadas pelo mundo, das quais nove na região metropolitana de Washington, DC, duas na República Dominicana, uma na Suécia e duas no Brasil, entre outras. Também é sócio de uma empresa chamada Império da Sucata, que compra empresas fechadas, com todos os equipamentos — como câmaras frigoríficas — ou que foram vendidas e precisam ser demolidas.

Além disso, começou com seu pai o projeto de um centro esportivo que investe em pesquisa, avaliação e orientação para treinamentos de alto desempenho. Durante uma entrevista, em junho de 2015, ele afirmou: "Aprendi que, para sobreviver, o ser humano se adapta a qualquer coisa. Basta ter força de vontade, ser honesto e ajudar ao próximo".[6] Ele afirma que o esporte fez dele o que é hoje, pois ensinou a ganhar, perder e a lutar pelos sonhos e objetivos sem medo. E ainda completou: "Essa autoconfiança transmite segurança para quem faz negócios comigo, pois sabe que dentro de mim vive um samurai moderno".

---

6 Disponível em: <http://revistamove.com.br/mario-yamasaki-arbitro-do-ufc-o-esporte--me-ensinou-a-ganhar-perder-e-a-nao-ter-medo-de-lutar-pelos-meus-sonhos/>. Acesso em: 22 fev. 2016.

▼ Wow! Está ficando muito quente! Ao responder cada uma das questões a seguir, você aquecerá mais 20 graus e alcançará 80 graus de ebulição:

1. Identifique uma grande oportunidade de negócios (se preciso retorne ao exercício do capítulo 1 em que listou ideias de negócio). Com base nessa oportunidade, crie sua própria oferta irresistível, elabore a primeira versão de um plano mestre e finalmente defina as etapas de execução para este negócio. Escreva tudo isso de maneira muito prática e objetiva para que preencha até três páginas.
2. Qual o motivo para que desse negócio que você acabou de criar exista? Escreva em detalhes a missão de seu negócio e como ele vai ajudar 1 milhão de pessoas a alcançarem os objetivos dela.
3. Quanto você deseja faturar com esse negócio? Escreva uma estratégia objetiva de captação de clientes para garantir fluxo de caixa positivo para seu negócio. Lembre-se de suas habilidades e competências. Coloque-as a seu favor!
4. Imagine seu negócio daqui a cinco anos, com fluxo de caixa crescente, funcionários e uma invejável cultura organizacional (com funcionários, parceiros e clientes satisfeitos e motivados). Quais são as três coisas que você deve fazer HOJE (que não está fazendo) para garantir esse futuro próspero?
5. Imagine novamente seu negócio daqui a cinco anos. Desta vez, responda a seguinte pergunta: Qual é o próximo passo de sua empresa depois que ela atingir todo sucesso que você deseja? Descreva com detalhes. ■

7 CAPÍTULO

A ARTE DE RELACIONAR E CONQUISTAR PESSOAS

Existem infinitos ditados sobre como tudo é uma questão de ter os relacionamentos certos. E com toda a certeza muitas vezes o único grau que você precisa dar para a grande virada é saber os contatos que o ajudariam a chegar lá. E eu aposto que você já pensou por muito tempo que foi parar na carreira ou na empresa errada por não ter nascido no meio que lhe proporcionaria os contatos que abrem portas, não pensou? Ou, dando um passo atrás, só é possível ser alguém na vida se você tiver os contatos certos.

Olha, você realmente precisa dos contatos certos, mas desenvolver relacionamentos é um jogo que você pode dominar e servirá para qualquer coisa que você deseja fazer na vida.

A sacada é que a vida é um grande *crowdfunding*, porque o *crowdfunding* na verdade é só uma forma de facilitar o que é uma necessidade universal: você não consegue fazer nada sozinho, precisa do apoio de outras pessoas para tudo que tentar fazer, seja um apoio financeiro, seja no trabalho, e da expertise delas.

Uma coisa que me perguntam frequentemente em entrevistas e treinamentos é como eu consegui chegar até as pessoas que cheguei para fazer meus primeiros produtos. Afinal, quando você tem a intenção de ser um produtor de celebridades, é importante ter a capacidade de atravessar a barreira invariável que elas colocam para qualquer "pessoa comum" que deseje algo delas. Então, como eu consegui chegar às pessoas a que cheguei? Bom, parte dessa história você já sabe dos capítulos anteriores. Contudo, o que eu quero que você entenda é como a dinâmica de manter um networking valioso funciona. Aos poucos, eu fui decodificando essa dinâmica ao longo do tempo e a aplico hoje. Trata-se de detalhes simples e até bobos, mas que funcionam.

Eu entendi muito cedo que todas as pessoas têm dois tipos de influenciadores: o *influenciador racional* e o *influenciador emocional.* O *influenciador racional* é alguém que tem capacidade técnica e distância emocional para influenciá-lo, como uma secretária, um funcionário, um terapeuta, um conselheiro. Enquanto isso, o influenciador emocional é alguém que você ouve por motivos muito pessoais, como a mãe, o pai, a namorada, um amigo. Então todas as nossas decisões passam por esses dois influenciadores de alguma forma, e eu reparei que a tendência geral das pessoas é de escutar muito mais os influenciadores emocionais do que os racionais. Quando você precisa chegar em alguém, não o faça diretamente, primeiro encontre um influenciador dessas pessoas, pois, caso contrário, poderá ser rejeitado por ser um desconhecido. As pessoas têm sensores para isso, para se proteger de desconhecidos como um todo, é algo para o qual somos treinados desde a infância. Então, eu acredito muito no poder da indicação, pois aprendi na prática que a forma mais poderosa de conquistar alguém é por meio de uma indicação. E, seguindo esse raciocínio, sua indicação mais poderosa é a de um influenciador emocional.

Por exemplo, quando trabalhei com Roberto Shinyashiki, foi por intermédio de um influenciador emocional dele que havia me apresentado. A questão é que eu já havia sido aluno dele em um dos seminários, mas naquele momento não me apresentei. Eu sempre tive certeza de que um treinamento digital do Shinyashiki seria um grande sucesso que ajudaria muita gente, mas eu não queria me apresentar como aluno, porque existe algo que acontece em nível inconsciente sobre a qualificação das pessoas. Se ele me conhecesse como aluno, me veria como cliente e como inferior, seria muito difícil topar fazer um negócio comigo. Quando eu sou apresentado como empresário de marketing digital, sou alguém que interessa, que vale a pena ser conhecido. Ser indicado pelo círculo de relacionamento dele é completamente diferente de fazer uma "apresentação fria". Por isso invisto muito nesse momento em comprar acesso a círculos fechados para ter acesso a influenciadores de pessoas com quem eu quero trabalhar, em cursos, *masterminds*, círculos, porque é o que faz a diferença.

Quando propus comprar a webtv o fiz porque entendia que teria acesso a pessoas a que eu tinha antes, a celebridades e nomes com os quais gostaria de trabalhar, que ali seria um celeiro de oportunidades de lançamentos digitais. Ao comprar 30% da TV, tornei-me diretor de marketing da empresa onde uma série de celebridades tinham um programa, o que significa que assumi uma posição de credibilidade para elas. Eu literalmente comprei o status para me tornar um influenciador racional naquele ambiente. Nessa posição em que eu estava, disse a ela que tinha uma nova proposta de monetização para seu potencial. Depois de ouvir com atenção, ela topou.

Se eu chegasse nas celebridades que tinham programas ali sem algum tipo de "credencial" ou "indicação", eu seria só mais um e provavelmente me ignorariam. Eu comecei a fazer todos os meus jogos de relacionamento baseado nos influenciadores das pessoas.

Antes de chegar em quem eu quero, procuro um sócio, um amigo ou um parceiro dessa pessoa, para passar pelo processo de indicação.

Se tiver de conhecer alguém "a seco" já me adianto e falo logo de minha intenção, oferecendo um aspecto de ganho para ela também. Você precisa analisar suas forças e fraquezas e o momento em que está, além de analisar o que precisa daquele contato. Se precisa conhecer alguém que seria seu sócio ideal, e você já tem uma proposta de valor para aquela pessoa, talvez seja interessante chegar diretamente, mas, em geral, essa não é a situação — as pessoas precisam ser convencidas de que podem confiar em você e que aquilo valerá a pena. Então, é mais fácil chegar no influenciador e começar por ele. À medida que o tempo passa, eu me torno parceiro desse influenciador. Você passa a estabelecer contato com aquela pessoa, tornando-se um influenciador do influenciador do contato que almeja, sempre de uma forma honesta, trazendo benefícios para os dois. No jogo do relacionamento, esse é como se fosse primeiro passo.

Comece a procura por apoiadores

Muita gente me pergunta, "Mas, Rafa, por onde eu começo a montar um networking?". Oras, comece com quem você já conhece! Um dos aspectos fundamentais é mapear a sua rede de influência diante das pessoas que conhece, marcar um café com elas, conversar com quem já tem contato, que as oportunidades começam a aparecer. O segredo do bom networking, que traz resultados, não é se tornar conhecido para determinadas pessoas, é continuar conhecido e manter as pessoas como parceiras. Não deixar o relacionamento desaquecer. Porque ele é o influenciador de diversas pessoas.

O grande problema das pessoas no jogo dos relacionamentos não é manter as pessoas, mas estabelecer uma relação de médio e longo prazo. Relacionamento é poder, e o jogo do dinheiro é diferente do jogo do poder. Curiosamente, o jogo do poder vai lhe trazer muito dinheiro.

Dentro dessa esfera você precisa mapear três áreas fundamentais de relacionamento para ter sucesso em qualquer empreitada, pois elas garantem que você atinja seu grau determinante.

1. Contatos do eixo empresarial: são os executivos, empresários de influência nessa esfera. Quem são as pessoas do meio empresarial com quem você tem contato? Se não tem, comece a ter, comece indo a coquetéis de associações comerciais, de grupos de pessoas da sua área de atuação. Esse é o setor que move a economia, para qualquer coisa que você tente, o meio empresarial estará envolvido de alguma forma.
2. Contatos do eixo social. São os influenciadores da opinião pública, um colunista de uma revista importante, um apresentador, uma pessoa pública, um jornalista, uma celebridade. Com quantas pessoas você tem relacionamento que têm influência de opinião pública? Lembra que falamos na necessidade de posicionamento e divulgação? Essas são as pessoas mais importantes para que você se posicione e apareça. São pessoas cuja fala significa dinheiro, significa manipulação de sentimentos do público e da audiência.
3. Contatos do eixo governamental. São os assessores, políticos, senadores, prefeitos, líderes de comunidade. São as pessoas que o ajudam a conseguir entender leis, a vencer editais, compreender como o sistema funciona.

O ideal é gerenciar uma rede de contatos que possua gente dos três eixos, o que vai ajudá-lo, não importa qual seja a sua pretensão de vida. As pessoas que mais possuem relacionamentos de peso em nível hierárquico, claro, são as mais poderosas. Você precisa dominar pelo menos um deles, destacar-se em um deles, mas precisa de relacionamentos em todos.

Para ter sucesso deve trabalhar eternamente essa tríade do poder (empresarial-social-governamental). Não é necessário começar de baixo, isso depende do que tem para oferecer para que essa pessoa o considere interessante. Se você tem zero relacionamentos, tem de começar na base e subir. Você precisa começar a mapear em que ponto é mais poderoso. Você precisa ter contato com os hubs de contatos, e isso pode acontecer na forma de um MBA ou de um grupo de negócios. Às vezes, essas pessoas estão na vida, caminhando como nós pelos restaurantes, cafés, assim, muitas vezes o que basta para você conhecer o mentor dos sonhos é frequentar o mesmo lugar que ele e criar uma situação para se aproximar no momento propício.

De início você precisa comprar acesso a um centro de contatos, o que pode ser um grupo de networking em geral. E então, aliar isso a frequentar os lugares certos. Essas pessoas que você quer trazer para o seu lado estão aqui, estão no shopping, nos bares, nos supermercados. É mais fácil ter um relacionamento não comercial para depois fazer algo comercial. Se a pessoa começa por algum motivo a gostar de você, vai indicá-lo e confiar mais. Por isso alguns valores você precisa provar assim que fizer a conexão (que você é legal, ajuda a resolver problemas, é confiável). E existe muita gente com quem não vai querer manter um relacionamento comercial, mas mesmo assim deve mantê-lo para conseguir outros relacionamentos que importam. Além disso, você vai preferir que algumas pessoas sejam mais amigas do que mentoras, porque os relacionamentos comerciais podem acabar em divergências, mas você precisa saber manter pelo menos o amigo que existe ali.

O segredo está em ofertar valor para essas pessoas e se interessar genuinamente por elas. E isso não é o valor que você acha que oferta, mas o valor que ela percebe.

Valor só existe quando a pessoa percebe que ali há valor. Então vem outra lição de relacionamento e poder: você se aproxima de alguém tendo em mente os interesses da pessoa, não os seus, e só assim gera uma conexão real. No momento de estabelecer relacionamentos, coloque-se sempre no lugar do outro. Você precisa ser uma solução para ele.

Exemplos de influência na tríade do poder

Existem algumas pessoas públicas que podemos ver que conseguem exercer influência em todas as áreas. O bispo Edir Macedo da Igreja Universal, por exemplo, está nas três esferas, ele possui grande influência social por ser um líder religioso (além de ter um conglomerado de comunicação), controla uma série de contatos empresariais e tem uma bancada que o apoia no setor governamental.

Outro exemplo é o empresário João Doria Jr., que tem influência social através de um programa na TV que fez sua imagem ser conhecida e comanda o maior grupo empresarial do Brasil, o Grupo de Líderes Empresariais (LIDE), ao qual 52% do PIB privado é associado. Esses são dois exemplos raros de verdadeiros mestres em relacionamentos. No entanto, em geral, é mais comum ser líder de uma área, e nas outras não ser tão poderoso, mas apenas um influenciador.

O líder é como se fosse uma parte do eixo, ele consegue influenciar contatos que às vezes sequer o conheceram pessoalmente; já quem tem acesso precisa trabalhar um pouco mais em cima dos seus contatos.

Quanto mais poder você tem, mais você monetiza o que for fazer. Uma das coisas mais tensas de poder é o nível de confiança. É o nível de confiança que as pessoas no nicho possuem por você.

Se você quer abrir um negócio, por exemplo, comece trabalhando os relacionamentos do seu nicho. Relacione-se com pessoas que estão ali colaborando ou competindo com você. Construa fãs na sua área de atuação, que podem ser pessoas que o conhecem pessoalmente ou não. E a partir daí, à medida que precisa expandir o negócio, comece a migrar para outros nichos — a partir do momento em que você se tornar mais consciente da necessidade de cultivar contatos, o processo será mais fácil.

Se você já sabe de quais apoiadores precisa e onde eles estão mas não sabe como chegar até eles, comece por alguém que está em um nicho que influencia o seu. Comece da forma que for, porque ao se tornar autoridade num nicho, você pode se tornar mais facilmente nos outros e, assim, despertar a atenção de alguém que quer despontar no seu nicho e conseguir um pedaço do nicho dele.

Ter networking não é uma opção, você precisa disso. A primeira coisa é trabalhar para subir na sua área, influenciar as pessoas e se tornar conhecido. Seja conhecido e admirado, porque ao começar a fazer o jogo dos contatos de uma forma mais sistemática, talvez não pareça tão pequenininho. Apareça como grande, demonstre não ser só mais um.

Resumindo: você precisa ter um contato em cada eixo, uma frente em cada eixo.

Por exemplo, quando pensei em fazer o mestrado em Engenharia da Informação, sabia que precisaria ser aprovado por um orientador. O orientador é o professor que aposta em você e no seu trabalho. Para concluir sua admissão, você precisa de um orientador que tope fazer o trabalho contigo.

Antes de entrar no mestrado procurei diretamente o orientador, mandei um e-mail, pedi uma reunião, conversei com ele e vendi que eu também poderia ser uma solução para ele. Em todos os lugares isso funciona. É importante ter voz ativa com quem decide e criar uma imagem consistente para essa pessoa — quem é a pessoa que decide as coisas que você quer hoje? Quão convencida ela está da sua importância?

Quem começa de baixo precisa ser positivo e admirado

Agora digamos que para você um estagiário bom é aquele que passa a visão de ser mais positivo, mais vendedor, mais interessante. A pessoa mais importante da sala é aquela que é vista pelo selecionador. Ser alguém interessante é demonstrar que você se importa com quem está ali o entrevistando, ou seja, olhar nos olhos, fazer perguntas relevantes e manter contato de forma positiva, transmitindo uma boa energia.

O programa de televisão norte-americano *Brain Games*, da National Geographic, fez um teste em 2013: eles pegaram duas irmãs gêmeas com currículo igual e fizeram com que as duas passassem por entrevistas para o mesmo emprego (e selecionadores diferentes). As duas deram até as mesmas respostas para as questões propostas pelo selecionador, mas o tom era diferente. Enquanto a irmã A era superpositiva e começava descrevendo seus pontos fortes, a irmã B era mais negativa e começava a entrevista falando sobre suas falhas. Adivinha quem foi a escolhida? Claro que a irmã mais otimista, que transmitia mais energia durante a entrevista. Assim, eles chegaram à conclusão de que pessoas inconscientemente não gostam de coisas negativas, de quem enfatiza o negativo. Elas se conectam com energias positivas e conseguem fazer o entrevistador se sentir bem com a sua presença. Essa lição é valiosa: se você quer influenciar alguém, faça com que essa pessoa se sinta bem na sua presença. Isso serve para conquistar qualquer pessoa, mas principalmente se é alguém com quem você quer muito trabalhar, um recrutador ou futuro chefe. Isso pode ser feito de forma muito simples, como mandar uma mensagem ou um e-mail no dia seguinte à reunião apenas para agradecer pela conversa, ou dar um aperto de mão ou um abraço mais longo (claro, mantendo o bom senso) e comentando de qual ponto da entrevista ou do trabalho você gostou. Por exemplo, dizer "Reparei que você tem muita percepção sobre a minha área e minha bagagem, foi muito legal conversar com você". Acredite em mim, essas são as pessoas que ficam gravadas na memória até do executivo mais importante de um país. Olhar nos olhos e falar algo que valorize a atuação do outro sem pedir nada em troca, sem puxa-saquismos, mas demonstrando interesse.

Além disso, as pessoas são movidas por memória recente, principalmente quando falamos da sociedade na qual vivemos agora, que é absurdamente imediatista e já tem excesso de informação. Assim, mande uma mensagem no dia seguinte, porque se duas pessoas fazem uma entrevista ou uma reunião com um cliente em potencial, aquele que se fizer lembrado vai sair na frente. Um dos segredos mais interessantes que já aprendi foi mandar o e-mail de agradecimento quinze minutos antes que comece o expediente do outro – digamos que meu parceiro em potencial começa a trabalhar às 9 horas da manhã, meu agradecimento deve chegar às 8h45, porque assim meu e-mail estará bem no começo da caixa de entrada. Para mensagens de celular, tente a tática de enviar em horários nos quais a pessoa está vivendo a vida pessoal: de manhã ou à noite, pois isso vai destacá-lo da rotina de trabalho, mas tome cuidado para não mandar uma mensagem que apresente uma cobrança ou uma saia justa, por exemplo, "Sei que você está no momento de descanso, mas gostaria de agradecer a conversa de hoje, foi muito importante". Porque hoje as pessoas andam grudadas com o telefone e você vai causar uma ótima impressão.

Quem ainda está começando e não tem muitos contatos nem benefícios para oferecer precisa fazer os outros se conectarem consigo aos poucos, com pequenos gestos, criando relacionamentos de forma leve, mas persistente. O toque, por exemplo, é uma âncora, faz com que você seja lembrado, ou seja, fale algo positivo olhando no olho e toque seu interlocutor. Você precisa ser pessoal e caloroso, mas sempre deve respeitar limites. Você ativa todos os sentidos de alguém para mandar uma mensagem poderosa.

E, claro, seja sempre muito gentil para fazer conexões. Para ser lembrado, você não precisa forçar a barra ou se sobrepor a alguém. Eu gosto de dar um abraço de forma mais calorosa nas pessoas às quais sou apresentado, mas sem tentar imprimir qualquer conotação sexual e muito atento aos limites de espaço corporal que aquela pessoa tem de acordo com a linguagem não verbal que transmite. Sensibilidade é muito importante quando você lida com pessoas. Usando as ferramentas certas você pode trazer qualquer um para o seu lado, mas deve ter controle sobre si mesmo, consciência do que está fazendo e percepção para entender do que aquela pessoa precisa e como você pode significar uma oportunidade para ela.

Construindo networking quando se é muito introvertido

Hoje vivemos em um mundo que está cada dia mais competitivo e no qual muitas vezes os introvertidos são engolidos por colegas com menos habilidade técnica, mas mais inteligência emocional, ou seja, pessoas que conseguem fazer uso das emoções sem que elas atrapalhem seus objetivos do dia a dia. No entanto, peço que seja prático e objetivo neste raciocínio: você acha que quem se torna gerente, diretor, quem consegue empreender é quem se formou nas melhores faculdades e tem toda a habilidade técnica do mundo, ou o funcionário que sabe se vender, o empresário que consegue trabalhar os clientes em uma reunião? O carisma e a capacidade de engajar pessoas são até mais importantes que a sua formação técnica, então, se você é introvertido, precisa trabalhar a si mesmo. Encontre soluções, formas de se relacionar, momentos do dia em que é mais fácil se aproximar das pessoas, e principalmente perca o medo de errar. Não tem problema se suas abordagens de início forem catastróficas, mas você precisa tentar. Busque terapia, coaching, pratique com membros da família, vá até para cursos de teatro, mas invista em você, em como você pode superar a sua introversão e, simultaneamente, respeitar a si mesmo.

Se os mais inteligentes fossem aqueles que têm sucesso, fossem as notas mais altas dos cursos, muitos CEOs hoje estariam fazendo serviços menores, assim como muitos doutores seriam milionários. E a vida não é assim.

Para jogar o jogo dos relacionamentos trabalhe suas habilidades interpessoais. É como trabalhar em uma tese, ou treinar para uma corrida: você precisa se dedicar a isso conscientemente, ler sobre o tema, praticar em momentos em que não vale dinheiro ou uma promoção. Faça as pazes com a sua necessidade de trabalhar sua habilidade de socialização admitindo, primeiro, que ela precisa ser trabalhada, e depois buscando especialistas, leituras e práticas que o ajudem. Fazer-se ser gostado é uma técnica que você aprende.

E se der errado, você for ignorado ou odiado, o mundo não acaba, é só sinal de falta de treino. E, em geral, se você tiver interesse genuíno pelas pessoas – o segredo de um bom networking –, vai conseguir aos poucos se soltar para conversar melhor com elas, para entendê-las e ser alguém que marca presença.

Não passe o dia na frente de um computador, fazendo tabelas, mas converse com seus colegas de trabalho, encontre seus clientes e fornecedores. Mesmo que seja difícil de início, vai ser tornar cada vez mais fácil.

A única coisa que pode matar a sua capacidade de networking é a arrogância ou atitudes que fazem com que as pessoas se desconectem imediatamente de você. Por exemplo, vê-lo perder a paciência com um subalterno ou prestador de serviços (um garçom, um funcionário ou qualquer pessoa), ou perceber que você rapidamente muda a conversa para falar de si mesmo. Manter a humildade e o espírito de ajudar o próximo no final das contas ajuda a si mesmo.

Se você, por exemplo, está aplicando um treinamento de três dias para um grupo de vendedores de uma seguradora e precisa guiá-los e motivá-los para que vendam mais seguros de vida, é instantaneamente desmotivador vê-lo soltar uns berros com um garçom que errou o pedido de todos, ou um *courier* que esqueceu de levar seus documentos. Seja "gostável", e isso significa antes de tudo ser gentil, mesmo quando você tem motivo para não sê-lo. Encontre sua força na sombra, perceba quanto você pode ser gentil e agregador mesmo nos momentos difíceis ou quando a última coisa que você deseja é estar com pessoas. Lembre-se de que a semente se torna uma árvore por conta da escuridão, por ser colocada na terra e passar um tempo ali no escuro, e o mesmo se passa com o nosso potencial de realização. A nossa escuridão, os momentos difíceis, existem exatamente para isso, para que você se fortaleça e depois deixe florescer o produto desse momento. Não tenha medo da sua sombra, da sua dificuldade, porque é dela que pode sair uma árvore frondosa. Então se você é introvertido, investigue essa dificuldade ao máximo, trabalhe sobre ela. Se fica nervoso com facilidade, exercite o perdão, mas trabalhe aquilo que dentro de você é mais difícil, porque dali saem grandes presentes.

Além disso, às vezes, ao apresentar um negócio para um investidor ou um possível mentor o modo de falar e de se relacionar é mais interessante que a sua ideia em si. Porque em geral essa pessoa já espera que você não tenha uma ideia ou um modelo de negócios 100%, visto que você não está ganhando dinheiro com isso. Se fosse perfeita, estaria, certo? Se, porém, esse indivíduo influente sentir que você tem a motivação necessária, a resiliência para insistir no negócio e que é confiável e íntegro, pode até corrigir o seu negócio e investir nele para torná-lo rentável. Tudo depende de quão confiável você será ao se relacionar e de como vai se apresentar.

Conforme a quantidade de negócios que fechei e concluí, claro que apareceu todo tipo de picareta. A gentileza e a abertura para o novo também podem atrair esse tipo de pessoa. No entanto, todos eles me ensinaram algo sobre mim e sobre a vida, e olha que já quebrei algumas vezes e fui passado para trás tantas outras. Cada vez que me dei mal nos negócios, foi mais um grau, um grau para a virada, para ser aquilo que eu sonhava ser. Por isso preparei um pequeno checklist para que você se mantenha sempre atento:

- ✓ Sempre assine contratos para negócios, relacionamentos são importantes e sempre começam bem, mas, em caso de litígio, apenas um bom contrato vai ajudá-lo a provar quem está com a razão.
- ✓ Sempre leia seus contratos e rubrique todas as laudas.
- ✓ Está desconfiado de algo? Antes de jogar todas as cartas na mesa levante provas e evidências. Arquive-as e então fale com a pessoa.
- ✓ Jamais tenha medo de negociar ou defender seus interesses, apenas tenha bom senso.
- ✓ Não gere provas contra você mesmo. Controle a raiva, a emoção e tenha foco em sempre manter sua imagem intacta.
- ✓ Faça sempre um mal acordo em vez de entrar em processos jurídicos, isso drena sua energia. Além disso, processos levam muitos anos para se concluir. Apenas em último caso processe alguém.
- ✓ Não entre em jogos psicológicos, seja limpo e claro. E mantenha a seriedade.
- ✓ Tenha um bom contador e um bom advogado ao seu lado.
- ✓ Não compre algo esperando um recebimento futuro, dinheiro bom é dinheiro na conta.
- ✓ Se alguém se recusa a formalizar um acordo com você, desconfie.
- ✓ Conheça os principais hotéis, restaurantes e cafés de sua cidade, você vai precisar ter isso na ponta da língua.
- ✓ Tenha um hobby interessante, que gere assunto em rodas sociais, por exemplo, vinho, artes etc.
- ✓ Se cultivar a raiva e a vingança, isso vai se voltar contra você.
- ✓ Tenha dinheiro reservado para cobrir possíveis rombos de acordos malfeitos.

Se você quer saber um pouco mais sobre networking, parcerias e relacionamento você pode baixar gratuitamente uma palestra minha exclusiva para você que está lendo este livro:

www.rafaprado.com.br/bonus-circulo-da-influencia

Nessa palestra explico passo a passo como você vai aprender a se tornar uma pessoa de muito mais impacto, vender mais e criar parcerias poderosas usando uma técnica que chamo de “persuasão invisível”.

Relacionamentos que geram dinheiro

Eu tenho um exemplo muito interessante sobre como os relacionamentos podem gerar boas amizades, novas ideias, inovação e muito dinheiro. O criador do canal Boom, Tiago Fonseca, grande amigo meu, teve uma origem simples, vendia docinhos na rua para ajudar a mãe, depois se tornou office boy e fez nome criando vídeos para a internet no seu canal do YouTube. Foi assim que surgiu o canal com mais de três milhões de inscritos hoje, mas que fracassou diversas vezes antes de se tornar uma verdadeira febre.

Ele pesquisou muito e tentou várias vezes fazer seu canal dar certo, testando diversas possibilidades com o irmão. Ele ficou famoso fazendo vídeos de pegadinhas, sendo extremamente original e extrovertido. Um dia tive a ideia de apresentá-lo a um dos meus parceiros de negócio, o Elias Maman, especialista em cursos de conquista e relacionamentos, que vende seus produtos pela internet e ensina milhares de homens a perderem a vergonha e iniciarem uma conversa com qualquer mulher.

Percebi que ali poderia haver uma boa química, principalmente porque o público do Tiago não estava no canal para saber de conquista, mas representava boa parte das características demográficas do público ao qual o Elias queria chegar. Os dois se juntaram e fizeram um vídeo viral de uma pegadinha para conhecer mulheres com um carro caro, o famoso Camaro Amarelo, que teve mais de 15 milhões de visualizações.[7] Esse vídeo não foi só um grande entretenimento, mas serviu para vender milhares de treinamentos “Jogo do texto” do Elias, que ensina a seduzir mulheres trocando mensagens de chat. Isso se tornou uma fonte de renda para os dois (e até para mim!). Esse momento de cruzamento entre relacionamentos gerou uma monetização de cliques e vendas de produto. Só precisei reparar que eu tinha um contato que possuía um ótimo produto, e outro contato que tinha uma audiência-alvo para esse produto, e que os dois tinham criatividade de sobra para criar qualquer coisa. A

---

[7] E que você pode ver aqui neste link: <https://www.youtube.com/watch?v= iqaX0s-DYfnM>. Acesso em: 22 fev. 2016.

pegadinha que os dois fizeram, de testar a receptividade das mulheres de acordo com o tipo de carro já havia sido feita no exterior, mas não havia tido todo o sucesso que eles tiveram nem a rentabilidade gerada pelo Tiago e pelo Elias.

▼ Muito bem! Este capítulo o aqueceu mais 19 graus e você finalmente está prestes a entrar em ebulição pois está a 99 graus. Responda as questões para seguir em frente:

1. Mapeie locais onde pessoas interessantes (e do seu nicho) podem ser encontradas. Ao longo da semana, faça um *tour* e conheça todos os locais (hotéis, clubes, cafés, restaurantes, hobbies etc.) regionais e dentro dos interesses das pessoas com quem você deseja se relacionar ou retomar relacionamento. Crie um cronograma para a semana e aproveite para provar a comida do local.
2. Entre em suas redes sociais e mapeie as pessoas mais influentes em cada eixo da tríade do poder. Analise o nível de relacionamento com cada pessoa e crie um contexto para um plano de aproximação (por exemplo, tomar um café).
3. Reescreva o checklist apresentado neste capítulo com cada uma das frases em seu caderno e adicione mais dez aprendizados que não estejam listados e que são de grande importância para seus relacionamentos sociais e comerciais. ■

8 CAPÍTULO

O SISTEMA

Já estamos na última fase do seu processo para atingir os 100 graus. É aqui que tudo faz sentido. O sistema nada mais é que o ponto de ignição que vai fazê-lo atingir o grau da virada e entrar em ebulição. Os últimos capítulos foram responsáveis por lhe dar 99 graus, mas muita atenção, para que esse passo funcione e ganhe o 1 grau que está faltando, você deve cumprir os outros.

Recapitulando, antes de tudo mude de mentalidade, passe de ganhador para criador de dinheiro, porque aqui é como se estivéssemos construindo um prédio: ele simplesmente não vai parar em pé sem as fundações. A mentalidade certa é a estrutura que vai protegê-lo de tempestades e qualquer tipo de problema, ela vai lhe dar a solidez de que precisa. É o primeiro processo. Depois disso, é uma questão de descobrir e trabalhar a sua genialidade, algo que se dá pelo misto do seu dom aliado a conhecimento técnico e treino. Ainda na metáfora do prédio, o dom é como se fosse os tijolos do seu prédio, e o treino e o conhecimento técnico são o cimento que faz esse tijolo ser valioso (afinal, sem eles a pilha facilmente cairia). Ao unir o conhecimento técnico ao treino, você consegue masterizá-lo, tornar-se quem se destaca naquilo e pode gerar valor para outras pessoas. Depois disso há o passo da monetização, quando você aprende a ganhar dinheiro com o seu dom, este é o acabamento do seu prédio, e a partir daí você está pronto para fazer do seu prédio (e qualquer outra coisa) um negócio. No entanto, não se trata de um negócio que vai lhe fazer trabalhar ainda mais do que em um emprego normal, que faça você cair na lenda do empresário que é escravo do próprio negócio e sofre para sobreviver mês a mês.

Ao conseguir identificar, entender e iniciar o processo de monetização das suas habilidades é necessário dar o passo da independência: a criação de sistema. Isso significa criar uma forma de viver do dom sem ter de vender suas horas, para que ele se propague a partir de você, mas sem precisar do seu trabalho o tempo todo. Este é o segredo para criar uma estrutura em que você consiga criar dinheiro e independência.

A monetização direta do seu dom, por exemplo, é reconhecer que você é um ótimo designer gráfico e começar a fazer peças publicitárias para várias agências. No entanto, criar o sistema é gerar a monetização indireta do seu dom, que gera renda sem ter de participar diretamente de cada etapa do processo. Ou seja, depois de mudar o jeito de pensar, atingir a maestria do dom, você consegue enxergar outras pessoas com o mesmo talento, e pode chamá-las para trabalhar para você. Assim, pode abrir a sua agência e supervisionar esses profissionais enquanto eles produzem a arte, e formá-los, investir no talento deles. Então, você cria dinheiro para além de sua capacidade de trabalho em horas, uma vez que o sistema multiplica seu talento e pode continuar rodando quando você tirar férias, por exemplo, ou se aposentar. A independência no futuro depende de continuar gerando renda sem trabalhar, ou seja, gerar renda e não estar necessariamente trabalhando no futuro é fruto do que você faz agora em termos de trabalho e investimento – e, acredite, isso pode ser feito a partir de todo e qualquer dom.

A habilidade de fazer do seu negócio monetizável um sistema em larga escala é algo que todas as pessoas que atingiram os 100 graus têm em comum.

Agora digamos que você é um palestrante, alguém capaz de ensinar qualquer coisa e motivar qualquer plateia, destacando-se na sua área. Parece algo único e que depende da presença de palco de alguém para ser feito. Parece algo impossível de acontecer sem que você esteja ali, certo? Errado! O palestrante brilhante pode criar uma estrutura na qual forma e capacita turmas que representam a nova geração de pessoas como ele, que fazem palestras no seu lugar, são agenciadas por ele, e ainda podem herdar o negócio quando ele não puder mais trabalhar. O segredo do sistema é passar a monetizar para que as pessoas gerem para você o que chamo de renda passiva de negócios. Ela depende de um grande esforço *a priori* para que você desenvolva a sua maestria, e *a posteriori* você diminui seu esforço e outras pessoas geram a renda para você enquanto você constrói outros sistemas. Isso é um ciclo virtuoso. Um ciclo da prosperidade, porque você planta a semente para transformar quem vem logo depois também, quem ainda pode crescer muito a partir da sua iniciativa e criar em cima do que você criou para fazer um sistema ainda melhor.

A partir do momento em que você estabelece um sistema bem-sucedido, passa a atuar com o dom de forma secundária (não se concentra em fazer as palestras ou as peças publicitárias, como nos exemplos que citei), mas tem como atividade primária a habilidade de empreender. As pessoas começam a trabalhar e atender os clientes que você atenderia, e você pode deixar para usufruir do seu dom quando tiver um projeto que realmente lhe dê alegria, mas não por obrigação ou sobrevivência.

No futuro ideal você não depende mais da renda fixa para ter sustento. Um exemplo da maestria em criar sistemas é o de Pablo Paucar, palestrante, empresário e um dos maiores gênios contemporâneos do marketing multinível. Essa linha de negócio, na qual vendedores recrutam outros formando grupos de divulgação e distribuição, tem conseguido transformar parte da nossa economia. Uma empresa como a Hinode (especializada em produtos de beleza e estética), por exemplo, consegue faturar mais de 100 milhões de reais por mês aqui no Brasil.

Se olharmos para o cenário internacional, a maior empresa do mundo, a Amway, fatura 11 bilhões de dólares, seguida da Avon, que fatura aproximadamente 11 bilhões de dólares por ano com 6 milhões de revendedoras, e a Herbalife, que vende uma média de 4,8 bilhões de dólares.

Robert Kyosaki, no livro *O negócio do século XXI* (Elsevier, 2011) fala sobre a importância e o crescimento do setor de vendas diretas (que pode ser mononível, binível e multinível). Segundo dados da Associação Brasileira de Empresas de Vendas Diretas (ABEVD), o número de revendedores diretos no Brasil é de, aproximadamente, 4,5 milhões de pessoas e faturou mais de 42 bilhões de reais em 2015.

Pablo Paucar afirma que se considera um empreendedor desde os 17 anos, e teve como mentores Eduardo Salazar e Jim Rohn, o que lhe ajudou a construir seu negócio em mais de dez países, tornando-se um dos maiores *players* da América Latina. Esses mesmos fundamentos foram colocados em materiais de treinamento, que na última década foram usados para formar mais de 150 *top* líderes de diversas empresas de vendas diretas, multinível e suas organizações, que hoje representam mais de 300 mil distribuidores em todo o Brasil. Ele não apenas enriqueceu, mas já fez com que milhares de pessoas enriquecessem também. Hoje ele se dedica a ser coach de alta performance, mentor e palestrante, organizando eventos para milhares de pessoas.

Pois bem, vou revelar para você os quatro perfis de maturidade (e você se encaixa em um deles) para a criação de um sistema de sucesso capaz de gerar independência financeira para você e para toda uma geração de pessoas. A partir daqui você terá o poder de transformar a vida de pessoas, para isso deve evoluir dentre os perfis existentes.

Maturidade de sistemas

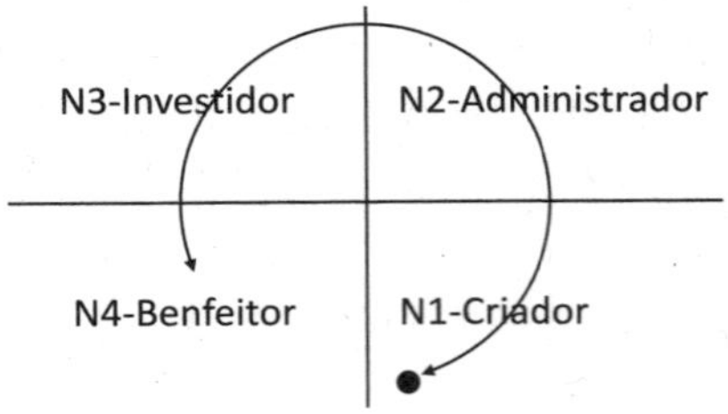

A partir de agora você deve olhar para si mesmo e compreender qual seu nível de *maturidade* perante o *sistema.*

Entenda que, à medida que seu nível de maturidade aumenta, sua carga de trabalho diminui e sua renda passiva de negócios aumenta.

Nível 1 – Criador

Assim que você rompe a mentalidade de *ganhar* dinheiro e assume a posição de protagonista para *criar* dinheiro a partir de seus dons e competências, entrará para o nível de *criador.*

Operador é toda pessoa ou negócio que recebe renda fixa (ganhos diretos) sobre suas habilidades e competências (produtos ou serviços), e possui pouco ou nenhum processo automatizado em sua estrutura.

Como criador você criará dinheiro a partir da venda de seus serviços, como aulas de violão, aulas de inglês, consultoria em negócios, criação de projetos de arquitetura, abertura de um processo como advogado, sessões de coaching, sessões de terapia, palestras etc.

Note que você tem capacidade direta de entregar o serviço, e na figura de criador geralmente *você* é o *produto*.

A renda gerada é realmente baseada em *renda fixa*. Você precipita o serviço, divulga-o e um interessado compra-o de você.

Para aumentar seu ganho fixo (uma vez que nem sempre será possível trabalhar com o justo preço), uma das modalidades que pode adotar é trabalhar sobre resultado. Por exemplo, imagine que você é um coach de carreira e seu coachee contratou quatro sessões (quinzenais, ou seja, dois meses de acompanhamento). A meta de todo coachee é ser promovido na empresa dentro desse período. Ele recebeu alguns bons feedbacks e precisa fazer alguns pequenos ajustes como foco e disciplina. Se for promovido ganhará um incremento anual de 26 mil reais. Em vez de cobrar 250 reais por sessão, o que totalizaria 2 mil reais no total, e se na anamnese você logo perceber que ele tem grande chance de ser promovido, pode adotar a seguinte estratégia de cobrança por resultados:

1. Negociar o pagamento no valor de 30% a 50% do primeiro novo salário (pelo incremento anual esse profissional ganhará em torno de 12 mil reais mensais), o que geraria um retorno de 3.600 reais a 5 mil reais.
2. Negociar o pagamento no valor de 5% a 10% do novo salário anual, que, partindo do princípio de que esse profissional ganhará 12 mil reais ao mês, terá um salário anual de 144 mil reais, gerando um retorno de 7.200 reais a 14 mil reais.

Você tem liberdade de escolher a porcentagem a ser cobrada, o fato é que, como você está trabalhando no risco e o pagamento é posterior (somente se a meta for atingida), seus ganhos devem ser maiores e proporcionais a tais riscos. Primeiro você gerará valor para depois efetuar a cobrança. Somente essa estratégia pode mudar seu jogo dentro da área em que atua!

Em poucos casos você terá ainda a possibilidade de receber recorrência de renda residual de negócios, para isso, pode definir que deverá receber uma porcentagem sobre os resultados mensais (por determinado período), caso haja incremento nas vendas da empresa depois de sua consultoria. De qualquer forma, no nível criador a maioria dos serviços prestados não gera possibilidade de recorrência da renda de negócios.

Caso tenha um negócio que trabalhe com a venda de produtos, no nível operador, ele deve conquistar *todo mês* novos clientes para garantir o fluxo de caixa. Por exemplo, imagine que a Coca-Cola tem apenas o refrigerante. Nesse caso, todos os meses ela necessita vender X mil unidades de refrigerante para compor seu faturamento. Momentos de crise, como o que estamos passando, afetam diretamente o consumo de Coca-Cola e refletem, consequentemente, na queda de faturamento.

A Coca-Cola, porém, devido a sua estrutura corporativa e fatia de mercado, provavelmente tem renda passiva de investimentos com base em seus ativos criados ao longo das décadas. Enquanto sua empresa não tiver isso, mesmo se baseando na venda de produtos, ela estará classificada como *criadora*.

Lembra-se da consultoria que eu abri e quebrei? Era um negócio baseado na venda de serviços. Pois bem, meu negócio estava no nível *criador*, uma vez que o faturamento mensal dependia da prospecção e do fechamento de novos clientes naquele mês, sem receber renda residual dos serviços prestados tampouco renda recorrente, por exemplo como acontece em uma assessoria contábil (em que todo mês um mesmo cliente paga a mensalidade do serviço).

No entanto, ainda em nível de operação, existe uma forma de garantir a sobrevivência de seu negócio na ausência de fluxo de caixa após determinado período de operação. Eu chamo isso de Tríade da Sobrevivência de Negócios, e está classificada em três estágios:

Estágio 1 – Sobrevivência

No primeiro estágio, você tem caixa suficiente para suportar o custo operacional de sua empresa por seis a doze meses e sua renda passiva gerada nesse caixa investido é inexpressiva e insuficiente para cobrir seu custo operacional. Este é o nível mínimo de sobrevivência, sabendo que nesse nível, caso haja algum imprevisto ou problemas conjunturais, de forma que seu negócio permaneça sem fluxo de caixa por um período maior do que sua reserva, você entrará em dívidas e poderá falir.

Estágio 2 – Independência

No segundo estágio, você tem investimentos que geram renda passiva mensal igual ou ligeiramente maior que seu custo operacional. Independência financeira, nesse caso, significa que seu custo operacional, mesmo na ausência de fluxo de caixa, pode ser coberto pela sua renda passiva mensal sem prejuízos para suas reservas. Sua empresa corre risco apenas se, devido à crise interna ou externa, você não tiver entrada de capital e tiver de reinvestir seu capital gerador de renda passiva e passar a ter renda passiva mensal menor que seu custo operacional caminhando para retornar ao estágio de sobrevivência.

Estágio 3 – Riqueza

No terceiro estágio, você possui investimentos que geram renda passiva mensal muito superior ao seu custo operacional. Riqueza neste caso significa que, mesmo na ausência de fluxo de caixa, seus retornos passivos mensais são várias vezes seu custo operacional. Neste estágio a empresa possui taxa de mortalidade próxima a zero.

Estes são os segredos utilizados por megaorganizações. Muito se fala sobre o estágio 1 de sobrevivência, mas os dois estágios seguintes são conhecidos muitas vezes apenas pelos altos executivos. Você está tendo acesso a isso em primeira mão.

Nível 2 – Administrador

No nível de *administrador*, você começa a instaurar processos automatizados em sua organização e principalmente a delegar suas funções de *criador* para que outras pessoas de mesmas habilidades possam cumprir esse papel e trazer renda fixa (ou variável) para o negócio.

Na função de administrador, você deixa de monetizar diretamente suas habilidades ou dons e passa a ganhar indiretamente com elas (sobretudo com as mesmas habilidades que você possuía, porém de pessoas contratadas ou parceiros de negócios).

Na função de administrador, você se concentra principalmente na gestão e estruturação de um negócio escalável que pode ser tratada como:

1. Unidade Matriz e funcionários e ou associados operadores na mesma unidade; ou
2. Unidade Matriz e Unidades Associadas com os próprios funcionários e ou associados operadores nas respectivas unidades.

Nível 1 – Unidade Matriz

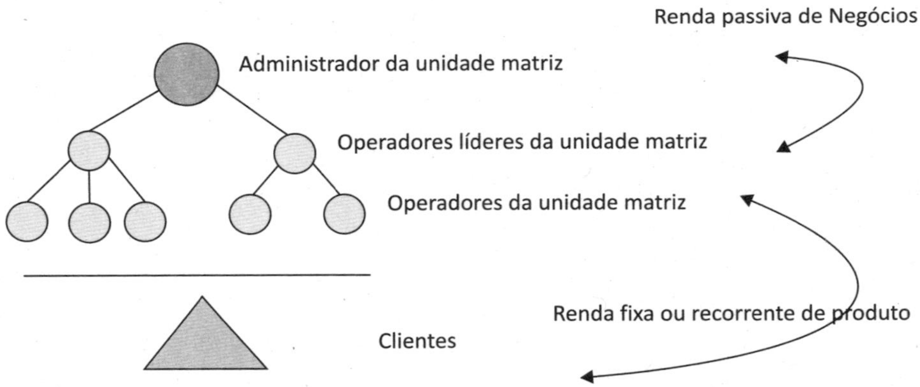

Nível 2 – Unidade Matriz e Unidades Filiadas

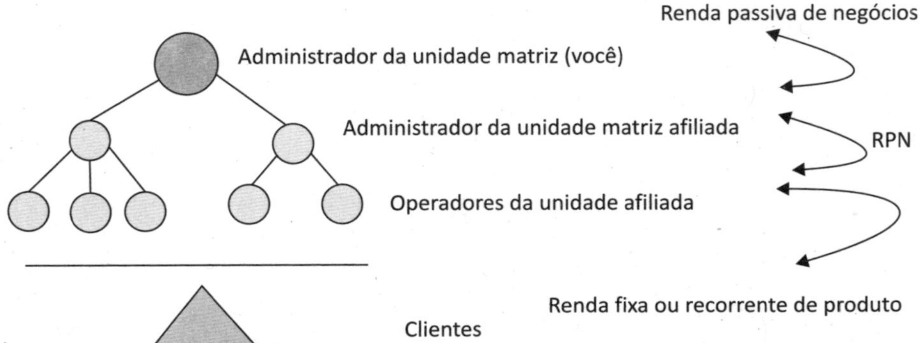

Temos um exemplo nacional bastante emocionante que retrata o nível de *administrador* que passou do primeiro para o segundo nível de maturidade (quando a Unidade Matriz começa a ter unidades filiadas), é o caso do megaempresário Carlos Wizard Martins. O mais velho de sete irmãos, trabalhou desde muito cedo, sendo que aos 10 anos já acompanhava o pai, um caixeiro-viajante do Paraná, que vendia alimentos para pequenas mercearias, e ajudava a mãe com tarefas domésticas e vendia verduras e roupas infantis nas ruas próximas a sua casa. Ele não ia muito bem na escola, mas se destacava em uma única matéria: língua inglesa, cujo reforço para gostar do idioma vinha principalmente de dois missionários da Igreja de Jesus Cristo dos Santos dos Últimos Dias, a igreja mórmon.

Wizard passou por diversos momentos difíceis e juntou dinheiro para, aos 26 anos, ir aos Estados Unidos pela segunda vez, porém de mudança com a mulher e os filhos, com o objetivo de cursar Analise de Sistemas e Tecnologia na Brigham Young, universidade mórmon.

Lá ele aprendeu a dar aula, pois a universidade tem um centro de ensino de idiomas, no qual os jovens são preparados para partir em missão a outros países. Nesse meio-tempo, conseguiu um emprego como executivo em uma empresa norte-americana e, tempos depois, foi transferido para o Brasil. Certa vez, ao ir ao banco receber o salário, teve acesso à folha de pagamento da empresa e ficou inconformado, pois descobriu que o salário do seu chefe não era muito maior que o dele, mesmo com mais de vinte anos de casa. Qual era o ponto, então, em se matar de trabalhar?

Ele pensava em empreender, mas não sabia no que investir, enquanto isso dava aulas de inglês em casa depois do expediente para ajudar na renda junto com a esposa, Vânia. Sua ideia de empreendedorismo estava bem na frente dele, mas Wizard ainda não havia percebido seu dom. Segundo ele, sempre sonhou em abrir mais que uma escola: uma rede de ensino. E assim nasceu o curso em 24 lições que anunciava aos interessados um grande benefício: "Fale inglês em 24 horas".

Além das matrículas dos alunos, Carlos Wizard começou a vender suas apostilas para outros professores, até montar a primeira escola Wizard, em Campinas, interior de São Paulo (nesse momento ele estava no nível 1 de maturidade do sistema, *criador*). Depois de um tempo, pareceu-lhe natural transformar a escola em um sistema de franquias. Então, começou a recrutar por todo o Brasil administradores e operadores na ponta, instituindo um sistema em que as unidades afiliadas pagavam *royalties* para a matriz com base no faturamento daquela unidade. A Wizard chegou a ter mais de 3 mil escolas não apenas no Brasil, mas também em outros dez países, como México, Portugal e Estados Unidos.

Por que a trajetória de Carlos Wizard é tão interessante? Ele é um exemplo perfeito do poder e da efetividade de um sistema nos níveis 1 e 2. Com o sistema de franquias da escola de inglês, seu negócio cresceu para além de sua própria capacidade de trabalho diário, e, ao mesmo tempo, ele fez com que diversos franqueados enriquecessem e realizassem o sonho de empreender. Nesse modelo, o sistema funciona para gerar renda passiva de negócios à matriz, pois o franqueado recebe pronto todo o trabalho da franqueadora no início da operação, mas em contrapartida paga os royalties para poder usufruí-lo. Este é o negócio baseado no dom, que pode ser replicado.

E você, quais são as possibilidades que seu dom apresenta? Como você pode fazer seu negócio no nível 2 crescer em escala nacional ou internacional? Acredite: todo e qualquer dom pode atingir essa escala, só depende de construir as fundações do seu plano de forma sólida.

Logo após o sucesso de seu sistema, em 2012, o grupo Multi (composto pela Wizard, Yázigi, Skill, Alps, Quatrum, Microlins, SOS, People, Bit Company e Smartz) foi vendido para a britânica Pearson por 1,9 bilhão de reais, fazendo com que seu fundador atingisse o terceiro nível de maturidade, o de *investidor*.

De maneira bem objetiva, sua matriz atuará na região imediata a você. Caso atue numa região grande, por exemplo o estado de São Paulo, que tem múltiplos municípios, é importante a figura do *líder operador*, responsável por macrorregiões, enquanto o *operador* atuará até o nível de bairro, se necessário e se houver mercado. Fora de sua região imediata, você terá parceiros (sócios) locais ou empreendedores que invistam na compra do direito de uso de sua marca, seu processo, seus produtos e seus serviços (assim como ocorre num modelo de franquias), com o objetivo de capilarizar seu negócio no nível nacional e subnacional, ausentando-o das responsabilidades operacionais, para lhe gerar renda passiva proveniente desses negócios. Note que você terá apenas uma unidade matricial, as demais podem ser todas de parceiros, se assim desejar.

Nível 3 – Investidor

No nível 3, *investidor*, o fundador liquida a operação de seu negócio. Nesse movimento, ocorrem fusões e aquisições por fundos ou grupos maiores que incorporam a organização em totalidade ou parcialmente. Em muitos casos ocorre abertura de capital e o antigo fundador passa a ter participação acionária no negócio mas se ausenta das funções operacionais e/ou administrativas do dia a dia.

No Vale do Silício uma das principais culturas é construir negócios para serem vendidos. Comumente nesse tipo de transação, o antigo presidente é convidado a fazer parte do conselho administrativo da organização e é remunerado para participar de reuniões estratégicas do negócio.

De qualquer forma, quando a operação é vendida, como ocorreu com o Grupo Multi, você transforma os ativos do negócio em patrimônio líquido, que nesse momento poderão ser reinvestidos em fundos, imóveis, entre outros, para gerar *renda passiva de investimentos*, e, assim, o dinheiro, por si só, pode gerar mais dinheiro. A uma taxa de retorno conservadora de 11% ao ano, um investimento de 50 milhões de reais atinge, ao final de doze meses, 5,5 milhões de reais de renda passiva. Interessante?

Comumente, o capital também pode ser utilizado para compra direta de outras empresas, *startups* de novos negócios (tornando-se, por exemplo, um investidor-anjo) ou composição de fundos de *venture capital*, *private equity* etc. constituídos para investimentos em negócios, que, num futuro próximo, após sua maturidade, também possam ser vendidos gerando lucros para seus investidores, nesse caso a partir de renda passiva de negócios.

Quando o Facebook realizou seu primeiro IPO (Initial Public Offering, ou OPI, em português, que significa Oferta Pública Inicial), tornou-se o décimo segundo maior IPO da história alcançando 271,4 bilhões de dólares e ao mesmo tempo um dos investimentos em negócios mais rentáveis do Vale do Silício.

Lembra do que lhe contei sobre apostar no recebimento por resultados (assumindo o risco ainda que tudo dê errado)? E se você fosse um grafiteiro e, em vez de receber 60 mil reais por sua arte, aceitasse receber em ações de uma *startup*, valeria a pena? David Choe não quis o pagamento do Facebook em dinheiro e apostou na empresa correndo o risco de perder tudo. No entanto, anos mais tarde, depois do IPO do Facebook, aquelas ações valorizaram mais do que ele mesmo esperava ultrapassando os 200 milhões de dólares. Esta foi a recompensa de assumir o risco e apostar no longo prazo e no sucesso da empresa. E você, vai continuar tomando as mesmas decisões que não o levaram ao verdadeiro sucesso ainda?

Advogado do diabo...

Muitas pessoas, por exemplo, buscam cegamente por investidores ou um sócio investidor, mas se esquecem de refletir sobre a importância de um *sócio-estratégico* em vez de um *sócio-investidor.* Afinal, na caminhada de muitos empresários, a busca cega por fontes de dinheiro acaba limitando o próprio negócio.

Um sócio estratégico, por exemplo, pode ser, muitas vezes, alguém que não vai investir 1 milhão de dólares, mas pode no médio e longo prazo trazer 10 milhões de dólares em contratos, em mentoria, entre outros aspectos.

Existem inúmeros caminhos para conseguir investimentos para seu negócio, como investidor-anjo, fundos, rodadas de negócio, enfim, mas quer um conselho? Se você quer dar o próximo passo, além do sócio estratégico, nem sempre buscar caminhos como fundos é a melhor solução!

Se você não tem um negócio multimilionário, como foi o caso do grupo Multi adquirido por um fundo, tem pouco poder de barganha e, por isso, terá como retorno uma quantia financeira pouco atraente de investimento, muitas vezes em troca de metade de seu negócio. Além disso, sem receber infraestrutura, equipe ou mentoria, o que um sócio estratégico muitas vezes pode lhe ofertar.

Advogados especializados em fusões e aquisições adoram ajudar empresas nisso, pois ganham um *fee* bastante gordo nesse tipo de transação. Por isso, é importante avaliar muito bem o momento de seu negócio, e por isso recomendo fundos para organizações consolidadas, não em crescimento. Para aquelas que estão em crescimento, a melhor saída são sócios estratégicos ou investidores-anjo, pois inclusive o *fee* a ser pago para os escritórios jurídicos que intermedeiam esses contratos é menor.

Sam Walton, criador do Walmart, que sabia perceber oportunidades e não tinha medo de falhar, entrava de cabeça para fazer um negócio crescer. Ele começou a partir de um empréstimo de 25 mil dólares que conseguiu com o sogro, e abriu uma loja da franquia Ben Franklin – uma rede de lojas dos Estados Unidos nos anos 1940 que era como as lojas de armarinhos que temos aqui. Em menos de vinte anos já tinha quinze lojas em sociedade com o irmão, mas as discordâncias e a vontade de Walton de expandir a rede o fizeram desistir das franquias para fundar a própria rede. Em pouco mais de dez anos, após abrir o primeiro Walmart, a companhia já valia 176 milhões de dólares, e havia sobrevivido a recessões sempre com a força e o vigor de seu fundador (que recusou propostas multimilionárias de incorporação ao longo desse período). Walton sempre soube que poderia criar dinheiro, e criou – o Walmart foi classificado pela *Fortune* 2014 como a maior empresa do mundo em volume de negócios e faturamento, alcançando 476 bilhões de dólares nesse ano. Então, será que hoje alguém consegue encarar essa conta? *Got it*?

Nível 4 – Benfeitor

Por fim, no nível 4, o de *benfeitor*, a *criação* de *dinheiro* dá espaço para a *criação* de *legado*. Nesse nível, algumas pessoas transcenderam bens materiais ou *criaram* tanto dinheiro que por gerações haverá abundância.

Conversando uma vez em um círculo de milionários, discutíamos sobre a partir de quantos milhões não faz mais diferença, e o número a que chegamos foi 50 milhões de dólares líquido. De modo geral, com 50 milhões de dólares você consegue comprar um iate, cinco Ferraris, uma cobertura e ainda viajar todo mês. Uma aplicação que rende 1% ao mês, se fizermos conta de padaria com juros simples, rendem 5 milhões de dólares mensais em renda passiva.

Imagine, 50 milhões de dólares, 100 milhões de dólares, 200 milhões de dólares... Neste estágio, o dinheiro compra a maioria dos sonhos artificiais de muita gente – a distinção está no modelo do iate (será de 1 milhão de dólares ou 5 milhões de dólares?), na localização da ilha (será de 5 milhões de dólares no Brasil ou de 10 milhões de dólares no Havaí?) ou do modelo do jato particular.

A partir dessas cifras, o jogo não é meramente dinheiro, mas status, demonstração de poder e perpetuidade de um legado que é o que os benfeitores buscam.

Deixar um legado é muito mais do que apenas adquirir riqueza. Deixar um legado é olhar no fundo dos olhos do seu filho ou sua filha e ter certeza de que você está construindo o melhor para eles. É olhar para seu país e ter certeza de que este seu dom é capaz de impactar milhares de pessoas, de mudar a vida delas verdadeiramente como nunca ninguém fez.

Steve Jobs dizia que ele nunca quis ser o homem mais rico do cemitério, mas sim ter a certeza de que a cada dia que deitasse a cabeça no travesseiro tinha feito algo maravilhoso. Ciente de que iria morrer, ele disse que sabia que tinha impactado o mundo, mas que, se tinha um arrependimento que carregava, era o de ter sacrificado parte do relacionamento com sua família sem aproveitar ao máximo os prazeres das coisas mais simples.

E curiosamente acredito nisso. Deixar um legado está em dar atenção para as coisas mais simples. Você é merecedor do mundo! No entanto, será que vale a pena sacrificar tudo e todos pelo sucesso? Benfeitores têm apoiado os desprovidos, como Bill Gates doou todo o seu patrimônio para sua fundação que hoje apoia o combate à aids na África; e o engenheiro Salvador Arena (aqui do Brasil) doou todo o seu patrimônio, que beira 1 bilhão de reais, para sua fundação, que já formou gratuitamente centenas de milhares de crianças do ensino fundamental até jovens e adultos no Ensino Superior (e eu fui um deles).

Carlos Wizard um dia me disse: "Hoje o que eu busco são novos desafios, quero estar conectado com o mundo na medida em que o transformo e ajudo as pessoas a se tornarem melhores do que elas são". Não eram apenas palavras, eu pude sentir a verdade em seus olhos. E cheguei à conclusão de que ele realmente consegue fazer isso e que eu sou uma dessas pessoas, pois dez anos antes, meu primeiro emprego havia sido na Wizard Idiomas e, dez anos depois, eu criaria para ele um programa para deixar seu legado para milhares de empreendedores.

Filantropia é uma das palavras mais poderosas desses agentes de transformação. Diversos artistas, pessoas públicas, megaempresários fazem doações astronômicas para mudar nosso país e o mundo, uma vez que nem sempre os governos cumprem seu papel. Sim, estamos falando de criação de legado e perpetuidade da vida! De uma vida mais digna, com menos preconceito e menos discriminação, com mais saúde, igualdade, segurança e educação para quem precisar.

Sim, eu quero me tornar um benfeitor num futuro próximo e é por isso que estou escrevendo este livro, levando minha mensagem até você. Afinal, acredito que, se Deus me deu todas estas oportunidades, é porque Ele queria que eu as devolvesse ao mundo e pudesse ajudar milhares de pessoas a encontrar seu caminho mais merecido: o caminho do amor e da coragem para ir além e tomar posse de tudo a que foi predestinado.

Crie sua própria Matrix

"Com 1 milhão de dólares você compra uma Ferrari e um apartamento de alto padrão. No Brasil, com 1 milhão de reais você não compra a Ferrari e ainda fica devendo no apartamento de médio padrão. Não é apenas pela segurança que não estamos mais no Brasil, mas porque o Brasil ainda insiste em oferecer produtos de baixa qualidade cobrando o preço de uma Ferrari, e, por status, poder ou qualquer coisa do tipo, existem compradores que estão estragando o mercado."

Ao escrever este livro, minha intenção, mesmo ainda engatinhando perto de um *benfeitor* experiente, foi poder alertar nosso povo. Ajudar você a mudar sua mentalidade e perceber a verdade na frase anterior.

Nem tudo é sobre dinheiro! Entretanto, de fato, pagamos no Brasil valores abusivos em telefonia, internet, água, luz, roupas, carros, imóveis, enfim, em tudo!

Temos de nos unir e mudar essa realidade. Temos de nos unir e parar de aceitar tanta corrupção e impunidade. Pessoas de bem são punidas enquanto os verdadeiros culpados estão soltos.

Ensinei você sobre blindagem emocional, sobre desinformação seletiva, sobre reclusão social, mas agora, propositadamente, desconstruo o que eu disse para lhe dizer uma única coisa: eu me importo com você e com as pessoas de nosso país. Eu não consigo me blindar 100% quando sei que existe alguém precisando de ajuda ali na esquina da rua de minha casa. Eu não consigo ser desinformado, quando sei que bastam algumas poucas palavras para muitas vezes confortarmos um coração. Eu não consigo ficar recluso quando na verdade devo subir ao palco e gritar bem alto para que minha voz chegue aos responsáveis.

O **sistema** existe para você tomar posse dele e criar sua própria Matrix – não ser afetado pela crise que instauraram em nosso país e no mundo –, conseguir sua merecida liberdade e, se seu coração sentir o mesmo que o meu, transbordar fartura e uma mensagem de amor para quem estiver próximo de nós.

Eu não diferencio o mendigo do milionário, o garçom do executivo, o porteiro do cara que mora na cobertura. Nosso tempo aqui nesta terra é muito curto – as pessoas querem ser ouvidas, querem que nos preocupemos com elas, querem mais amor. Você pode atingir o topo e eu o incentivo a fazer isso – também sou ambicioso e por isso criei meu próprio império nas Américas, na Europa e na Ásia, mas jamais vou perder minha essência ou esquecer de onde vim e o que devo fazer.

Você vai, sim, criar sua própria Matrix, seu universo paralelo sem ter de entrar no universo paralelo de outrem ou daquele mercado que aparentemente está aquecido. O que estou dizendo é que você tem ferramentas hoje para criar sua história sem que algo o amarre, entendendo que você é seu único limitador.

No entanto, vou sentir prazer se você me escrever dizendo que decidiu levar esta mensagem adiante e que ajudou alguma pessoa (desconhecida ou não) a ter mais paz e conforto no coração.

Você é um agente de *criação* e, neste momento, eu o batizo como um agente de *criação de realidades*. Você pode levar isso adiante ou não, mas saiba que tem um imenso poder em mãos capaz de mudar a sua vida, a vida da sua família e de milhares de pessoas que sequer conhece ou acredita que é capaz de atingir. No entanto, só quero lhe dizer uma coisa: *eu acredito em você e obrigado, do fundo do coração, por ter chegado até aqui*. Eu o presenteio, agora, com o grau da virada, então, tome posse disso e crie a realidade com que sempre sonhou!

▼ Parabéns, você finalmente terminou o capítulo 8, que lhe oferece o 1 grau necessário para a mudança de estado da água rumo à ebulição. Poucas pessoas chegaram até aqui, e você adquiriu armas e estratégias que nem 1% do mundo lá fora possui. Neste nível você deve construir um plano de ação objetivo com os passos para construir seu próprio *sistema* e tornar-se um *criador de riqueza.* Identifique onde está e, para cada etapa do checklist apresentado a seguir, releia o respectivo capítulo assegurando também que todos os exercícios foram realizados.

Seu checklist:

✓ assegure-se de criar sua mentalidade protagonista criadora de dinheiro;
✓ encontre sua paixão, seus dons e suas competências técnicas monetizáveis;
✓ masterize esses dons e competências e precifique-os para o mercado;
✓ relacione-se com os *top players* de seu mercado;
✓ torne-se operador de seus produtos e serviços e gere renda fixa e passiva de negócios (quando possível);
✓ crie uma matriz empresarial e automatize seus processos preparando a sucessão ou a sua saída;
✓ treine operadores e delegue a responsabilidade de gerarem renda fixa e passiva de negócios enquanto lhes paga um salário + porcentagem por resultado;
✓ treine operadores líderes para assumir sua posição e liderar operadores;
✓ crie unidades afiliadas que atuarão na capilarização da rede em esfera nacional e subnacional e dividirão a porcentagem sobre o faturamento da unidade, gerando renda passiva de negócios;
✓ aumente o valor de mercado de sua organização e venda o grupo (total ou parcialmente) liquidando seus ativos em patrimônio líquido;
✓ gere renda passiva a partir de investimentos e negócios a partir da compra ou startup de novos negócios;
✓ fomente negócios de impacto social em favor do bem-estar da humanidade. ■

Para ajudar você a construir seu próprio sistema e implementar este check-list, eu criei material de apoio no link abaixo que você poderá acessar gratuitamente.

www.rafaprado.com.br/bonus-sistema

Espero que todo este material e tudo o que preparamos de extra para você ao longo dos capítulos tenha sido de grande valia. Estou realmente empolgado em poder ajudá-lo a ter mais liberdade e alcançar o sucesso. Parabéns por ter chegado tão longe!

O MUNDO PRECISA DE MESTRES DE SI MESMOS

Você pode fazer qualquer projeto dar certo em seis meses. Nesse tempo, você pode monetizar qualquer ideia e começar a ser dono da própria vida. Por que eu acredito nisso? A grande pergunta é: por que não acreditaria? Por que eu não acreditaria que você está a um grau da grande virada, de expandir, de ser tudo aquilo que você pode e deve ser?

Por que não? Porque não começar a testar a sua habilidade em diferentes mercados, encontrar sócios que sonhem os seus sonhos, mas o completem em habilidades e competências, por que isso não pode acontecer? Por que não ganhar 1 milhão de reais em seis meses, e muito mais do que isso nos anos seguintes? Não se pergunte por que fazer algo, pergunte-se por que não fazer parece tão mais provável.

Imagine que você pode começar a construir fontes de renda alternativas a um emprego. Assim, sua qualidade de vida pode subir, você terá mais controle sobre seu tempo e sobre quanto dinheiro pode ganhar. Além disso, verá que pode fazer a diferença no mundo para si mesmo e para quem comprar seu produto ou usufruir do seu serviço. Imaginou? Então, por que não? Por que não parece viável? Por que *você* não parece viável?

Se fechar este livro agora, e não tentar absolutamente nada do que sugeri, talvez perca um mundo de experiências que o futuro reserva e que não tiraria nada de você ao tentar. Não se pergunte por que deve sair da inércia, mas por que não sair dela. Lembre-se de que a zona de conforto, antes de mais nada, não é confortável (afinal, você fica deprimido aos domingos quando pensa no trabalho), e a zona de segurança definitivamente não é segura, e sim o deixa à mercê de crises e chefes. O que o impede de mudar hoje, em vez de esperar quinze anos, uma demissão ou uma aposentadoria, para viver uma vida da qual você não precisa fugir nas férias?

A sua vida é limitada, você tem um número de anos limitado neste mundo, não se deixe enganar por promessas de longevidade, porque muitos já se enganaram e quando se deram conta já haviam perdido dez, quinze, vinte anos em uma carreira e em um dia a dia que os deixavam doentes. Eu não quero que isso aconteça com você. Eu não posso deixar isso acontecer, principalmente se eu tiver o poder de impedir.

Tenho certeza de que existe lugar ao sol para todo mundo, porque não acredito na ética de escassez de oportunidades, como se houvesse um número limitado de ideias e formas de ser bem-sucedido para que nem todas as pessoas sejam atendidas em seus sonhos e aspirações. Mesmo se houvesse um número de oportunidades menor que o de pessoas, sempre haverá muito espaço porque muita gente desiste no meio do caminho. Muitas pessoas não passam do primeiro capítulo de um livro, do primeiro mês de academia de ginástica, da primeira aula de inglês. A quantidade de desistentes é imensa, então, mesmo que se considere genial (apesar de eu já ter provado que, sim, você é), e não acredite ainda em si, pelo menos acredite que não vai desistir e só essa característica já o fará chegar muito na frente dos outros.

Você pode criar dinheiro, e não criar; você pode sair do **sistema** e ter uma vida mais tranquila a partir do momento que ofertar valor para pessoas dispostas a pagar por ele. O mundo tem 6 bilhões de pessoas, tem certeza de que a sua solução não pode ser vendida a ninguém? Você pode trocar suas habilidades por diversos valores, depende muito daquilo que acredita ser capaz. Esqueça que hoje não tem dinheiro, ou não tem contatos importantes, estas são condições temporárias.

Concentre-se em viver o presente, a partir de agora, e a deixar o passado para trás. Tudo muda, porque nada é fixo no mundo. Pode demorar, mas é possível, e talvez nem demore, porque talvez você já esteja pronto para fazer uma mudança de vida e não saiba. Muita gente que conheço e titubeia para começar o próprio negócio na verdade já está pronta, mas morre de medo. Eu me vi agindo assim por muitos anos, ignorando o que eu já estava pronto para fazer. E até hoje eu me pego perguntando se deveria investir em determinado negócio – como escrever um livro, por exemplo –, se já é o momento, se não estou dando um passo muito maior do que a perna.

No entanto, hoje eu não olho mais para trás, porque é natural ter medo, ter dúvidas, é normal ter a "vozinha" que mora na nossa cabeça – agradeça aos seus instintos de sobrevivência e siga em frente! Você é mais do que isso, você é uma força que provoca uma série de sentimentos nas outras pessoas, assim como uma série de reações no mundo em que vive. Você é mais, você é um conjunto de coisas que cria movimento e que nem você mesmo (ou eu) consegue definir. Eu nunca escreveria um livro se não acreditasse na capacidade dele de ajudar pessoas, e, mesmo com dúvidas, elas não me impedem de escrevê-lo ciente de que existem milhares de pessoas que já estão prontas para mudar de vida lá fora. Esta é a diferença entre ter sucesso e não ter.

Talvez você tenha um sonho maior do que simplesmente um faturamento mensal, mas, mesmo que já seja um ativista, não adianta nada sonhar sem condições de proteger a sua causa. A sua causa também é parte do seu sucesso, e o que recomendei nestes capítulos vale para qualquer empreitada. Se você nunca se mostrar, nunca vai ajudar ninguém, nem a você nem a sua causa.

Agir traz consequências incríveis. A ação tem um poder transformador, mas não agir é um crime. E agir como um ser criativo, assertivo, é algo que muda o mundo. Por que o que eu falo é importante para você? Porque nada do que existe hoje é permanente, inclusive a sua situação que parece difícil de resolver, o dinheiro que parece difícil de criar.

Você precisa acreditar para dar o primeiro passo e continuar caminhando, é como na famosa passagem bíblica relatada no evangelho de Mateus (14:22-33). Jesus caminha sobre as águas e convida seus discípulos a acreditarem que aquilo é possível. Pedro tem a coragem de caminhar em direção ao mestre e realmente o faz, mas no momento em que se distrai reparando no vento e sente medo, começa a afundar. É a sua pouca fé e o fato de ter desviado o olhar do objetivo que o afundam, e voltar a focar no mestre o salva. O caminho para o sucesso é um eterno caminhar sobre as águas, e o mínimo desvio pode fazê-lo afundar. A maioria das pessoas tem medo de dar o primeiro passo, porque simplesmente não acredita que pode fazê-lo, ou seja, que pode mudar de carreira, decidir fazer outra coisa, começar um negócio e finalmente tirar aquela ideia da gaveta.

Não apenas exista, mas seja alguém que banca aquilo que precisa conquistar na passagem pelo planeta. Essas coisas são suas, e você precisa ir atrás delas! Não dê um passo para trás nos seus sonhos, em nenhum deles. Não confunda ser bom e gentil com abrir mão daquilo que é significante para você por falsa humildade.

O mundo precisa daqueles que estão dispostos, de pessoas que acreditam e agem, causando a mudança no *status quo* para si mesmas e para quem está a volta. Toda vez que alguém saiu do padrão conseguiu fazer uma vida melhor para si mesmo e criar uma nova cultura. E eu afirmo quantas vezes precisar que o jogo vira. Pode confiar. Essa é uma das grandes certezas da vida: nada do que existe hoje é permanente, e isso inclui a sua situação. É só analisar que a maioria dos milionários de hoje já faliu empresas antes, mas continuou trabalhando, sonhando e empreendendo. A maioria das *startups* do Vale do Silício não vai ter o poder do Facebook, mas aquelas que dão certo já valem a pena por todo o esforço de seus criadores, e isso os faz continuar criando.

Você não pode ter medo de arriscar, o risco está sempre presente, mas ele traz um sucesso que vale muito a pena, que faz tudo ter significado. Você pode errar várias vezes sem desabar, sempre haverá uma nova chance, mas só precisa acertar uma para mudar de vida para sempre. A balança está do lado do sucesso e não do fracasso. A única barreira que realmente precisa enfrentar é você mesmo. Mais nada.

E sabe por que eu acredito nisso? Porque muitos improváveis, ao aplicarem o **sistema**, saíram de uma vida de miséria para se transformarem em benfeitores.

Vou contar para você brevemente uma história de mais um improvável que começou a trabalhar aos 8 anos como engraxate. Apesar de ter nascido em uma família simples e ter trabalhado nas ruas desde então, seus pais sempre o incentivaram a manter os estudos. Por isso, quando completou o ensino fundamental na cidade de Pimenta Bueno, em Rondônia, juntou suas coisas e se mudou para a casa de um tio em Recife. Fez o colegial, com muito esforço (sem deixar de trabalhar e utilizando suas reservas), e conseguiu entrar na faculdade de direito. Aplicado aos estudos, alguns anos depois de se formar passou em um concurso para juiz. De engraxate a juiz! As conquistas já eram de encher os olhos, mas ele criaria algo ainda maior. Estou falando do paraibano Janguie Diniz, que, ao perceber a falta de uma boa escola para concursos em Recife, abriu em 1996 seu primeiro empreendimento na área de educação.

Como conta em entrevista concedida à *Época Negócios*:

> Quando me formei em Direito, montei meu primeiro empreendimento formal, que foi uma empresa de cobranças. Não deu certo e resolvi empreender na área de educação. Nessa época, eu tinha começado a estudar para a magistratura. Só que não tinha em Recife cursinho para concurso. Tá, até tinha um ou dois, mas muito ruins. Aí pensei que se passasse no concurso eu criaria um cursinho. Passei em 1992. Fui juiz até o ano seguinte, mas depois pedi exoneração, porque teria que continuar a morar no interior. Como queria empreender, não dava. Depois disso, fiz outro concurso para procurador no Ministério Público do Trabalho, que garantia que eu ficaria na capital [Recife]. Assim que assumi, fundei o Bureau Jurídico [cursinho voltado para quem queria passar em concursos jurídicos]. Formalmente, a empresa nasceu em 1996, mas dois anos antes eu já dava aula sozinho. Cheguei a ter milhares de alunos e o Bureau foi o embrião do grupo Ser Educacional.
>
> Acho que além de eu ter o tino empreendedor, eu aprendi muito na rua, quando criança. Perdi o medo, aprendi a me relacionar com as pessoas, a ser mais corajoso, mais ousado, aprendi a negociar muito mais rápido, muito mais cedo, aprendi a fazer negócios, a ser um bom vendedor. Essas foram as lições que eu aprendi desde jovem e depois usei no negócio juntamente com o estudo. Muita gente pergunta qual é o segredo de sucesso do grupo Ser, mas não tem segredo. É a união de pequenas coisas.[8]

---

[8] Disponível em: <http://epocanegocios.globo.com/Informacao/Visao/noticia/2015/04/como-janguie-diniz-passou-de-engraxate-dono-do-maior-grupo-de-educacao-do-nordeste.html>. Acesso em: 21 fev. 2016.

O grupo Ser foi fundado em 2003. Desde então, expandiu-se para as maiores cidades do Norte e do Nordeste. Em 2013, abriu capital na Bolsa de Valores. No final de 2015, o grupo finalmente chegou ao Sudeste, com a aquisição da Universidade de Guarulhos, e se tornou o maior grupo de educação do Nordeste, o Ser Educacional.

Outro improvável que hoje transforma vidas como benfeitor é o jovem da periferia Eduardo Lyra. Criado em família pobre, ele perdeu o primo de que mais gostava morto por traficantes, viu o pai usar drogas e ir para a cadeia. Apesar do ambiente cruel, Edu decidiu que não queria aquele tipo de vida e sabia que a educação poderia levá-lo a voos mais altos. Resiliente e batalhador, ele chegou à faculdade, onde se formou em jornalismo e lá foi considerado repórter revelação pelo Instituto Itaú Cultural. Com um poderoso ímpeto para transformar realidades, Edu fundou então o projeto Gerando Falcões, onde atua nas escolas públicas do país, provando ao jovem pobre que todos, independentemente de condição social, histórico familiar, podem ser falcões. Tornou-se membro da Global Shapers, desdobramento do Fórum Econômico Mundial, que seleciona jovens líderes excepcionais, com menos de 30 anos, que possuem potencial para mudar o mundo. E hoje tem a certeza no coração de que seu projeto já impactou pelo menos 200 mil jovens, ou melhor, 200 mil falcões do Brasil.

Ambas as histórias mostram que existem feitos grandiosos reservados para cada um de nós, e muitas vezes maiores do que realmente imaginamos. Com essa história, além das diversas histórias contadas ao longo dos capítulos deste livro, quero que se encha de coragem para enfrentar seus medos e alcançar o ponto de ebulição.

Então, com o coração apertado mas feliz ao mesmo tempo (pois agora você descobriu todos os meus segredos sobre o **sistema**), eu me despeço de você nestes últimos parágrafos ciente de que, de alguma forma, pude ajudá-lo a mudar sua vida ou a pelo menos vê-la com outros olhos. E, principalmente, que de alguma forma a minha história e a história dos empreendedores que estão aqui fizeram com que você passasse a acreditar que não existe nada que o ser humano não seja capaz de fazer. Lembra? Sucesso é uma decisão, assim como ser um *criador* de dinheiro também!

Olhando para a minha trajetória profissional, eu poderia ter escolhido publicar um livro que ensinasse as pessoas a criarem negócios digitais ou a dominar algum aspecto técnico daquilo que faço. Eu poderia falar de vários temas sobre como ganhar dinheiro de forma rápida, poupando o leitor das reflexões sobre autoconhecimento, mas o conhecimento técnico, apesar de ajudar a resolver os seus problemas, tem a tendência de resolvê-los apenas em um primeiro momento. A mudança da qual você precisa vai além do conhecimento técnico, que dificilmente dura mais que um par de anos – um celular substitui o outro, uma rede social substitui a outra, uma moda substitui a anterior. Ou seja, você precisa estar além do técnico para acompanhá-lo e sempre se renovar.

Ao escrever um livro que defende que falta um único grau na sua vida para conseguir fazer a grande virada, sonho em impactar mais pessoas e ensinar uma forma de pensar que é abundante e funciona, não importa o sistema da moda ou o que todo mundo está vendendo neste ano ou no ano seguinte. Eu almejo que você mude permanentemente, porque, se eu consegui, você também consegue.

Vejo todos os dias que muita gente está precisando do que eu tenho a dizer. O **sistema** transformou minha vida e espero que possa transformar a sua a partir da mudança de mentalidade para que, como grupo, consigamos sair de um modo de vida subalterno para uma crença forte de que, sim, somos vencedores.

Observo que no Brasil as pessoas ainda se sentem presas à vida que levam, como se jamais fosse possível prosperar. Infelizmente, vejo no nosso país um modelo mental que está em todas as nossas manifestações culturais e sociais, de as pessoas já nascerem com a ideia de que não vão prosperar, ou de que isso não é comum. Enquanto isso, vejo países com grande autoestima, com populações que se acreditam verdadeiramente escolhidas no jogo do sucesso. Já aqui precisamos sempre ter alguém para nos lembrar de que pequenas conquistas valem a pena, de que é necessário perseverar e buscar a mudança.

No entanto, não acredito que é culpa nossa, mas, como brasileiros, fazemos crescer e reforçamos essa mentalidade subalterna, porque isso faz parte do nosso processo histórico. Quando um povo é escravizado e explorado por centenas de anos, tem sua população nativa dizimada e escravizada, e recebe outras populações para serem escravizadas. É muito derramamento de sangue e opressão para de repente dar um grito (recente) de democracia e pedir que as pessoas apostem que naquele lugar vão prosperar.

Como é possível, ao olharmos para nossos pais e avós, não vermos dado objetivo que os convença de que aqui podemos ter segurança para investir e arriscar? Nosso modelo mental subalterno é histórico, o que nos fez menos patriotas, menos seguros de nossas habilidades e menos decididos. A mentalidade é de que um processo histórico marcado pela escravidão e exploração ainda está presente em muitos lares, e por isso espero que meu livro seja o primeiro de muitos a oferecer, genuinamente, uma porta de saída rumo ao seu sucesso. Espero que muita gente reforce o discurso de que podemos viver sem ser escravos, sem sofrer para conseguir ganhar a vida, e com a capacidade de multiplicar nossa criatividade, nossa felicidade e nosso dinheiro.

Quero que feche este livro com a certeza de que pode ser um milionário, afinal não é tão difícil assim. Na verdade, hoje é comum ganhar 1 milhão de reais quando nos propomos a mudar de paradigma, escalar oportunidades e gerar renda. Essa quantia não é um negócio absurdo, só se você continuar preso no sistema tradicional.

Você não nasceu para ser subalterno, nem eu nem seus colegas de trabalho ou a pessoa que está ao seu lado no metrô enquanto você lê estas palavras. Você recebe impactos diários que o fazem acreditar em algo em que não acreditaria se não fosse intensamente influenciado. Você pode pensar de uma forma diferente e então se tornar próspero. Você não precisa almejar ficar rico, mas precisa entender a importância de ser reconhecido quanto a seu valor e seu talento. Apenas se tornar rico é vazio, a meta é ser feliz. Ou seja, é ver que você é importante e tem como contribuir para este mundo, que precisa tanto de gente competente para resolver tantos problemas. E talvez um dos itens da sua felicidade seja dinheiro, enquanto para outra pessoa seja a liberdade ou fazer o que gosta.

Você precisa ser você mesmo, mas, se acredita que já faz isso, lembre-se de que recebeu impacto demais da sua criação, da mídia, da escola, para conseguir sequer discernir o que lhe faria feliz.

Você tem a capacidade de criar essa possibilidade, mas para isso talvez precise dar um passo dolorido. Poucas pessoas vão querer andar sobre as águas, mas, para descobrir se você é capaz, será preciso dar o primeiro passo. Além disso, se você afundar, levante.

Dê um grau. Só falta um único grau entre você e seus sonhos. O que você está esperando?

REFERÊNCIAS

AVON. "Líder mundial em venda direta, AVON se consolida no mercado brasileiro". Publicado em 05/08/2015. Disponível em: <http://ego.globo.com/beleza/especial-publicitario/noticia/2015/08/lider-mundial-em-venda-direta-avon-se-consolida-no-mercado-brasileiro.html>. Acesso em: 22 fev. 2016.

BELLINO, Ricardo. *O poder das ideias*. Rio de Janeiro: Campus Elsevier, 2004.

BOURROUL, Marcela. Como Janguiê Diniz passou de engraxate a dono do maior grupo de educação do Nordeste. *Época Negócios*, 27 abr. 2015. Disponível em: <http://epocanegocios.globo.com/Informacao/Visao/noticia/2015/04/como-janguie-diniz-passou-de-engraxate-dono-do-maior-grupo-de-educacao-do-nordeste.html>. Acesso em: 22 fev. 2016.

BUARQUE, Ivelise. *A liberdade e o pioneirismo e que geraram negócios*. Disponível em: <http://www.murilogun.com.br/wp-content/uploads/2014/12/Perfil-Murilo-Gun-Revista-ProNews-n175.pdf>. Site da revista: <http://www.revistapronews.com.br>. Acesso em: 22 fev. 2016.

FLEMING, John; KIYOSAKI, Kim. *O negócio do século XXI*. Rio de Janeiro: Elsevier, 2011.

GARDNER, Howard. *Inteligências múltiplas – A teoria na prática*. Porto Alegre: Artmed, 1995.

G1. 72% das pessoas estão insatisfeitas com o trabalho, aponta pesquisa. G1, 29 abr. 2015. Disponível em: <http://g1.globo.com/concursos-e-emprego/noticia/2015/04/72-das-pessoas-estao-insatisfeitas-com-o-trabalho-aponta-pesquisa.html>. Acesso em: 18 fev. 2016.

MASLOW, A. H. A theory of human motivation. *Psychological Review*, v. 50, n. 4, jul. 1943, p. 370-396.

MELO, Clayton. Mario Yamasaki, árbitro do UFC: "O esporte me ensinou a ganhar, perder e a não ter medo de lutar pelos meus sonhos". *Revista Move*. Disponível em: <http://revistamove.com.br/mario-yamasaki-arbitro-do--ufc-o-esporte-me-ensinou-a-ganhar-perder-e-a-nao-ter-medo-de-lutar-pelos-meus-sonhos/>. Acesso em: 22 fev. 2016.

RIGBY, Rhymer. *28 mentes que mudaram o mundo*. Rio de Janeiro: Campus Elsevier, 2011.

ROSSI, Marcos. *Uma vida sem limites*. Editora Marcelo Pena, 2011.